새로운 도서
다양한 자료
동양북스
홈페이지에서
만나보세요!

www.dongyangbooks.com
m.dongyangbooks.com

홈페이지 도서 자료실에서 학습자료 및 MP3 무료 다운로드

PC

❶ 홈페이지 접속 후 도서 자료실 클릭
❷ 하단 검색 창에 검색어 입력
❸ MP3, 정답과 해설, 부가자료 등 첨부파일 다운로드

* 원하는 자료가 없는 경우 '요청하기' 클릭!

MOBILE

* 반드시 '인터넷, Safari, Chrome' App을 이용하여 홈페이지에 접속해주세요. (네이버, 다음 App 이용 시 첨부파일의 확장자명이 변경되어 저장되는 오류가 발생할 수 있습니다.)

❶ 홈페이지 접속 후 ☰ 터치

❷ 도서 자료실 터치

❸ 하단 검색창에 검색어 입력
❹ MP3, 정답과 해설, 부가자료 등 첨부파일 다운로드

* 압축 해제 방법은 '다운로드 Tip' 참고

미래와 통하는 책

가장 쉬운 독학
일본어 첫걸음
14,000원

버전업! 굿모닝
독학 일본어 첫걸음
14,500원

일단 합격하고 오겠습니다
JLPT 일본어능력시험 N3
26,000원

일본어 100문장 암기하고
왕초보 탈출하기
13,500원

가장 쉬운 독학
중국어 첫걸음
14,000원

가장 쉬운 중국어
첫걸음의 모든 것
14,500원

일단 합격 新HSK
한 권이면 끝! 4급
24,000원

중국어
지금 시작해
14,500원

영어를 해석하지 않고
읽는 법
15,500원

미국식
영작문 수업
14,500원

세상에서 제일 쉬운
10문장 영어회화
13,500원

영어회화
순간패턴 200
14,500원

가장 쉬운 독학
베트남어 첫걸음
15,000원

가장 쉬운 독학
프랑스어 첫걸음
16,500원

가장 쉬운 독학
스페인어 첫걸음
15,000원

가장 쉬운 독학
독일어 첫걸음
17,000원

별책부록

간체자 쓰기노트

가장 **쉬**운 **독**학
중국어 첫걸음

별책부록

간체자
쓰기노트

동양북스

우리가 사용하는 한자와 간체자는 다르다?

習 對 書

중국어는 어렵다, 겁난다고 생각하는 이유 중 하나는 바로 위의 한자들을 떠올리기 때문일 것입니다. 조금만 익숙해지면 나름대로 요령과 규칙이 있어서 쉬워지지만 처음 접할 때는 머리가 빙글빙글 돌아갈 것처럼 복잡해 보입니다.

중국인들 역시 옛 한자들이 누구나 쉽게 익히기에는 무리가 있다고 생각했기 때문에, 1956년 기존의 복잡한 글자를 간단하게 바꾼 새로운 표기법을 만들었습니다. 이것이 바로 '간단한 형태의 글자', 간체자입니다. 예전의 표기법은 '번체자'라고 구분하여 부릅니다.

간체자에는 우리가 쓰는 한자에서 금방 유추해낼 수 있는 몇 가지 일정한 규칙이 있습니다.

1	일부분만 선택	開 ➜ 开
2	편방을 단순화	對 ➜ 对
3	특징이나 윤곽선을 강조	飛 ➜ 飞
4	발음이 같은 간단한 글자로 대체	裡 ➜ 里
5	초서를 해서로 대체	書 ➜ 书 ➜ 书
6	필획이 적은 회의자로 대체	體 ➜ 体
7	별도로 제작	義 ➜ 义

간체자 쓰기의 순서

조금만 익숙해지면
요령과 규칙을 알게 돼서
쉬워질 거예요.

1 왼쪽에서 오른쪽으로 씁니다.

川　　川 → 川 → 川

2 위에서 아래로 씁니다.

王　　王 → 王 → 王 → 王

3 가로획을 먼저 쓰고 세로획을 씁니다.

左　　左 → 左 → 左 → 左 → 左

4 글자가 대칭형인 경우에는, 가운데를 먼저 쓰기도 하고

水　　水 → 水 → 水 → 水

가운데를 나중에 쓰기도 합니다.

串　　串 → 串 → 串 → 串 → 串 → 串 → 串

간체자를 쓸 때는 아래 사항을 염두에 두세요.

▶ 소리 내어 읽으면서 쓰세요.
▶ 획순을 지켜서 쓰세요.
▶ 관련 단어나 문장을 떠올리며 쓰세요.

你
너, 당신

拼 nǐ 正 你

你们 nǐmen 너희들

你 你 你 你 你 你 你

好
좋다

拼 hǎo 正 好

好的 hǎo de 좋아 | 好吃 hǎochī 맛있다

好 好 好 好 好 好

吗
문장 끝에 쓰여 의문의 어기를 나타냄

拼 ma 正 嗎

你好吗? Nǐ hǎo ma? 안녕하세요?

吗 吗 吗 吗 吗 吗

我
나

拼 wǒ 正 我

我们 wǒmen 우리들

我 我 我 我 我 我 我

很 매우	很 hěn	很 hěn						
拼 hěn 正 很	很高兴 hěn gāoxìng 매우 기쁘다							
					很 很 很 很 很 很 很 很 很

呢 문장 끝에 쓰여 의문의 어기를 나타냄	呢 ne	呢 ne						
拼 ne 正 呢	你呢？ Nǐ ne? 너는?							
					呢 呢 呢 呢 呢 呢 呢 呢

也 ~도, 역시	也 yě	也 yě						
拼 yě 正 也	我也是。Wǒ yě shì. 나도 그래.							
						也 也 也

谢 고맙습니다, 감사합니다	谢 xiè	谢 xiè						
拼 xiè 正 謝	谢谢。Xièxie. 고맙습니다.							
			谢 谢 谢 谢 谢 谢 谢 谢 谢 谢 谢

5

CHAPTER 02

국적을 물어봐요.

是	是	是					
~이다	shì	shì					

拼 shì 正 是

你是谁? Nǐ shì shéi? 누구세요?

是 是 是 是 是 是 是 是 是

哪	哪	哪					
어느, 어느 것	nǎ	nǎ					

拼 nǎ 正 哪

你是哪国人? Nǐ shì nǎ guó rén? 당신은 어느 나라 사람인가요?

哪 哪 哪 哪 哪 哪 哪 哪 哪

国	国	国					
국가, 나라	guó	guó					

拼 guó 正 國

国人 guó rén 국민

国 国 国 国 国 国 国 国

人	人	人					
사람	rén	rén					

拼 rén 正 人

韩国人 Hánguórén 한국인

人 人

韩 한(나라이름) 拼 Hán 正 韓	韩 Hán	韩 Hán					
	韩国人 Hánguórén 한국인 韩 韩 韩 韩 韩 韩 韩 韩 韩 韩 韩 韩						

中 중심, 가운데 拼 zhōng 正 中	中 zhōng	中 zhōng					
	中国人 Zhōngguórén 중국인 中 中 中 中						

认 분간하다, 식별하다 拼 rèn 正 認	认 rèn	认 rèn					
	认识 rènshi 알다, 인식하다 认 认 认 认						

高 높다 拼 gāo 正 高	高 gāo	高 gāo					
	高兴 gāoxìng 기쁘다 高 高 高 高 高 高 高 高 高 高						

7

请	请	请				
부탁하다, 청하다	qǐng	qǐng				

拼 qǐng 正 請 | 请问 qǐngwèn 말씀 좀 여쭙겠습니다, 실례합니다

请 请 请 请 请 请 请 请 请 请

叫	叫	叫				
부르다	jiào	jiào				

拼 jiào 正 叫 | 叫喊 jiàohǎn 외치다

叫 叫 叫 叫 叫

什	什	什				
무엇	shén	shén				

拼 shén 正 甚 | 什么 shénme 무엇, 무슨

什 什 什 什

名	名	名				
명칭, 이름	míng	míng				

拼 míng 正 名 | 名字 míngzi 이름

名 名 名 名 名 名

今 현재, 지금	今 jīn	今 jīn					
拼 jīn 正 今	今年 jīnnián 올해 今 今 今 今						

多 많다	多 duō	多 duō					
拼 duō 正 多	你今年多大? Nǐ jīnnián duōdà? 당신은 올해 몇 살입니까? 多 多 多 多 多 多						

二 2, 둘	二 èr	二 èr					
拼 èr 正 二	二十八 èrshíbā 28, 이십팔 二 二						

岁 세, 살	岁 suì	岁 suì					
拼 suì 正 歲	你几岁? Nǐ jǐ suì? 당신은 몇 살이에요? 岁 岁 岁 岁 岁 岁						

9

的	的	的					
~의	de	de					

拼 de 正 的	我的天 wǒ de tiān 맙소사!, 하느님!, 아차!
	的 的 的 的 的 的 的 的

生	生	生					
태어나다	shēng	shēng					

拼 shēng 正 生	生日 shēngrì 생일
	生 生 生 生 生

几	几	几					
몇	jǐ	jǐ					

拼 jǐ 正 幾	几月 jǐ yuè 몇 월
	几 几

月	月	月					
월	yuè	yuè					

拼 yuè 正 月	二月 èr yuè 2월
	月 月 月 月

号	号	号					
일	hào	hào					

拼 hào 正 號	号码 hàomǎ 번호, 숫자
	号 号 号 号 号

七	七	七					
7. 칠	qī	qī					

拼 qī 正 七	二十七岁 èrshíqī suì 스물일곱 살
	七 七

属	属	属					
~에 속하다, ~띠이다	shǔ	shǔ					

拼 shǔ 正 屬	你属什么？ Nǐ shǔ shénme? 당신은 무슨 띠예요?
	属 属 属 属 属 属 属 属 属 属 属 属

龙	龙	龙					
용	lóng	lóng					

拼 lóng 正 龍	我属龙。 Wǒ shǔ lóng. 나는 용띠예요.
	龙 龙 龙 龙 龙

家	家	家				
집, 가정	jiā	jiā				

拼 jiā 正 家 | 家人 jiārén 집안 식구, 가족

家 家 家 家 家 家 家 家 家 家

有	有	有				
있다	yǒu	yǒu				

拼 yǒu 正 有 | 没有 méiyǒu 없다

有 有 有 有 有 有

口	口	口				
식구를 세는 단위	kǒu	kǒu				

拼 kǒu 正 口 | 三口人 sān kǒu rén 세 식구

口 口 口

都	都	都				
모두, 전부	dōu	dōu				

拼 dōu 正 都 | 都有 dōu yǒu 다 있다

都 都 都 都 都 都 都 都 都 都

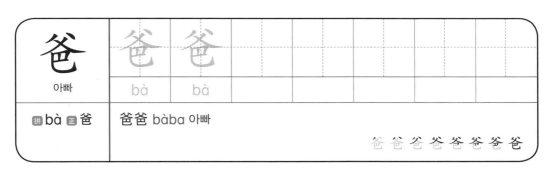

爸	爸	爸					
아빠	bà	bà					

拼 **bà** 正 **爸**　　爸爸 bàba 아빠

爸 爸 爸 爸 爸 爸 爸 爸

妈	妈	妈					
엄마	mā	mā					

拼 **mā** 正 **媽**　　妈妈 māma 엄마

妈 妈 妈 妈 妈 妈

和	和	和					
~와(과)	hé	hé					

拼 **hé** 正 **和**　　我和你 wǒ hé nǐ 나와 너

和 和 和 和 和 和 和 和

弟	弟	弟					
남동생	dì	dì					

拼 **dì** 正 **弟**　　弟弟 dìdi 남동생 | 兄弟 xiōngdì 형제

弟 弟 弟 弟 弟 弟 弟

住	住	住					
살다	zhù	zhù					

拼 zhù 正 住	住地 zhùdì 거주지
	住 住 住 住 住 住 住

在	在	在					
~에(서)	zài	zài					

拼 zài 正 在	在家 zài jiā 집에 있다
	在 在 在 在 在 在

北	北	北					
북쪽	běi	běi					

拼 běi 正 北	北京 Běijīng 베이징
	北 北 北 北 北

做	做	做					
하다	zuò	zuò					

拼 zuò 正 做	做运动 zuò yùndòng 운동을 하다
	做 做 做 做 做 做 做 做 做 做 做

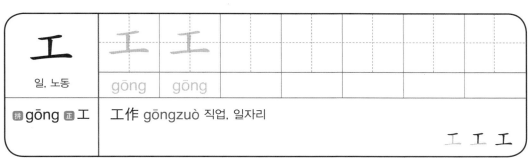

工	工	工					
일, 노동	gōng	gōng					

拼 gōng 正 工　工作 gōngzuò 직업, 일자리

工 工 工

他	他	他					
그(남자)	tā	tā					

拼 tā 正 他　他二十岁。 Tā èrshí suì. 그는 스무 살입니다.

他 他 他 他 他

公	公	公					
집단적, 공유의	gōng	gōng					

拼 gōng 正 公　公司 gōngsī 회사, 직장

公 公 公 公

职	职	职					
직업, 직위	zhí	zhí					

拼 zhí 正 職　职业 zhíyè 직업

职 职 职 职 职 职 职 职 职 职 职

○ 现 | 点 | 分 | 今

现	现	现				
현재, 지금	xiàn	xiàn				
拼 xiàn 正 现	现在 xiànzài 현재					
				现 现 现 现 现 现 现 现		

点	点	点				
시	diǎn	diǎn				
拼 diǎn 正 點	点钟 diǎnzhōng 시, 시각					
				点 点 点 点 点 点 点 点 点		

分	分	分				
분	fēn	fēn				
拼 fēn 正 分	分钟 fēnzhōng 분					
				分 分 分 分		

今	今	今				
오늘	jīn	jīn				
拼 jīn 正 今	今天 jīntiān 오늘					
				今 今 今 今		

在	在	在					
지금 ~하고 있다	zài	zài					
拼 zài 正 在	在吃饭 zài chīfàn 밥을 먹고 있다							

在 在 在 在 在 在

干	干	干					
하다	gàn	gàn					
拼 gàn 正 幹	你干什么? Nǐ gàn shénme? 당신은 무엇을 하세요?							

干 干 干

收	收	收					
거두어들이다	shōu	shōu					
拼 shōu 正 收	收拾 shōushi 꾸리다, 준비하다							

收 收 收 收 收 收

行	行	行					
여행	xíng	xíng					
拼 xíng 正 行	行李 xíngli 짐							

行 行 行 行 行 行

在｜干｜收｜行｜为｜去｜旅｜周

为	为	为						
~에게, ~하기 위해	wèi	wèi						

拼 wèi 正 爲　　为什么 wèishénme 왜

为 为 为 为

去	去	去						
가다	qù	qù						

拼 qù 正 去　　去年 qùnián 작년

去 去 去 去 去

旅	旅	旅						
여행하다	lǚ	lǚ						

拼 lǚ 正 旅　　旅游 lǚyóu 여행하다 ｜ 旅行 lǚxíng 여행하다

旅 旅 旅 旅 旅 旅 旅 旅 旅 旅

周	周	周						
주, 주일	zhōu	zhōu						

拼 zhōu 正 周　　周末 zhōumò 주말

周 周 周 周 周 周 周 周

18

您
당신(존칭)
拼 nín 正 您

您 您
nín   nín

您好！Nín hǎo! 안녕하세요!

您 您 您 您 您 您 您 您 您 您 您

要
~하려고 하다
拼 yào 正 要

要 要
yào   yào

您要买什么？Nín yào mǎi shénme? 당신은 무엇을 사려고 하세요?

要 要 要 要 要 要 要 要 要

买
사다
拼 mǎi 正 買

买 买
mǎi   mǎi

买单 mǎidān 계산서

买 买 买 买 买 买

苹
사과의 구성자
拼 píng

苹 苹
píng   píng

苹果 píngguǒ 사과

苹 苹 苹 苹 苹 苹 苹 苹

19

斤	斤	斤						
근(무게의 단위)	jīn	jīn						
拼 jīn 正 斤	三斤 sān jīn 세 근 | 公斤 gōngjīn 킬로그램							

斤 斤 斤 斤

少	少	少						
적다, 조금	shǎo	shǎo						
拼 shǎo 正 少	多少 duōshao 얼마(* 少 shǎo가 '얼마'란 의미로 쓰일 때는 경성으로 읽어요.)							

少 少 少 少

钱	钱	钱						
돈	qián	qián						
拼 qián 正 錢	钱包 qiánbāo 지갑							

钱 钱 钱 钱 钱 钱 钱 钱 钱 钱

块	块	块						
위안	kuài	kuài						
拼 kuài 正 塊	两块钱 liǎng kuài qián 2위안							

块 块 块 块 块 块 块

这	这	这			
이, 이것	zhè	zhè			

拼 zhè 正 這 | 这个 zhège 이, 이것 ㅣ 这儿 zhèr 여기, 이곳

这 这 这 这 这 这 这

件	件	件			
옷을 세는 단위	jiàn	jiàn			

拼 jiàn 正 件 | 这件大衣 zhè jiàn dàyī 이 외투

件 件 件 件 件 件

衣	衣	衣			
옷	yī	yī			

拼 yī 正 衣 | 衣服 yīfu 옷

衣 衣 衣 衣 衣 衣

百	百	百			
100, 백	bǎi	bǎi			

拼 bǎi 正 百 | 七百 qībǎi 7백

百 百 百 百 百 百

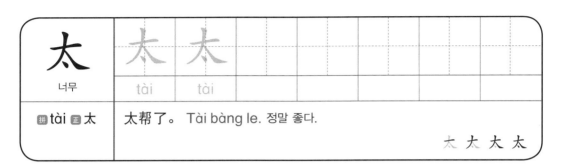

太 너무	太 tài	太 tài					
拼 tài 正 太	太帮了。 Tài bàng le. 정말 좋다.							太 太 大 太

贵 비싸다	贵 guì	贵 guì					
拼 guì 正 贵	很贵 hěn guì 매우 비싸다							贵 贵 贵 贵 贵 贵 贵 贵 贵

能 ~할 수 있다	能 néng	能 néng					
拼 néng 正 能	能力 nénglì 능력							能 能 能 能 能 能 能 能 能 能

便 적당하다	便 pián	便 pián					
拼 pián 正 便	便宜 piányi 싸다							便 便 便 便 便 便 便 便 便

这 | 件 | 衣 | 百 | 太 | 贵 | 能 | 便 | 点 | 行 | 已 | 打

点
약간, 조금

点 点
diǎn diǎn

拼 diǎn 正 點

一点儿 yìdiǎnr 조금

点 点 点 点 点 点 点 点 点

行
된다, 좋다

行 行
xíng xíng

拼 xíng 正 行

不行 bùxíng 안 된다

行 行 行 行 行 行

已
이미, 벌써

已 已
yǐ yǐ

拼 yǐ 正 已

已经 yǐjing 이미, 벌써

已 已 已

打
할인하다

打 打
dǎ dǎ

拼 dǎ 正 打

打折 dǎzhé 할인하다

打 打 打 打 打

天	天	天					
날 일	tiān	tiān					

拼 tiān 正 天	今天 jīntiān 오늘 | 天气 tiānqì 날씨

天 天 天 天

怎	怎	怎					
왜, 어떻게	zěn	zěn					

拼 zěn 正 怎	怎么样 zěnmeyàng 어떠하다 | 怎么 zěnme 어떻게, 왜

怎 怎 怎 怎 怎 怎 怎 怎 怎

外	外	外					
밖, 겉	wài	wài					

拼 wài 正 外	外面 wàimian 외관, 밖

外 外 外 外 外

快	快	快					
곧, 빨리	kuài	kuài					

拼 kuài 正 快	快要……了 kuàiyào……le 곧(머지않아) ～하다

快 快 快 快 快 快 快

下	下	下						
떨어지다, 내리다	xià	xià						

拼 xià 正 下

下雨 xià yǔ 비가 내리다 | 下雪 xià xuě 눈이 내리다

下 下 下

雨	雨	雨						
비	yǔ	yǔ						

拼 yǔ 正 雨

雨伞 yǔsǎn 우산

雨 雨 雨 雨 雨 雨 雨 雨

没	没	没						
~아니다	méi	méi						

拼 méi 正 没

没有 méiyǒu 없다

没 没 没 没 没 没 没

带	带	带						
가지다, 지니다	dài	dài						

拼 dài 正 带

带雨伞 dài yǔsǎn 우산을 지니다

带 带 带 带 带 带 带 带 带

别

~하지 마라

[拼] bié [正] 别

别着急。 Bié zháojí. 조급해하지 마.

别 别 别 别 别 别 别

着

느끼다, 받다

[拼] zháo [正] 着

着急 zháojí 조급해하다

着 着 着 着 着 着 着 着 着 着 着

借

빌려주다

[拼] jiè [正] 借

借给你 jiè gěi nǐ 당신에게 빌려주다

借 借 借 借 借 借 借 借 借 借

CHAPTER 12

길을 물어봐요.

走 걷다, 가다	走 zǒu	走 zǒu						
拼 **zǒu** 正 走	走路 zǒulù 걷다, 떠나다 走走走走走走走							

得 ~해야 한다	得 děi	得 děi						
拼 **děi** 正 得	得去 děi qù 가야 한다 得得得得得得得得得得							

坐 타다	坐 zuò	坐 zuò						
拼 **zuò** 正 坐	坐车 zuò chē 차를 타다 坐坐坐坐坐坐坐							

车 자동차	车 chē	车 chē						
拼 **chē** 正 車	公共汽车 gōnggòng qìchē 버스 │ 车站 chēzhàn 정류장 车车车车							

往	往	往						
~를 향해	wǎng	wǎng						

拼 wǎng 正 往　　往前走 wǎng qián zǒu 앞으로 가다, 직진하다

往 往 往 往 往 往 往 往

到	到	到						
도착하다	dào	dào						

拼 dào 正 到　　到十字路口 dào shízì lùkǒu 사거리에 도착하다

到 到 到 到 到 到 到 到

路	路	路						
길, 도로	lù	lù						

拼 lù 正 路　　十字路口 shízì lùkǒu 사거리

路 路 路 路 路 路 路 路 路 路 路 路 路

就	就	就						
곧, 바로	jiù	jiù						

拼 jiù 正 就　　就到了 jiù dào le 곧 도착한다

就 就 就 就 就 就 就 就 就 就 就

28

喂 여보세요	喂 wéi	喂 wéi					
拼 wéi 正 喂	喂，你好！Wéi, nǐ hǎo! 여보세요! 喂喂喂喂喂喂喂喂喂喂喂喂						

先 먼저	先 xiān	先 xiān					
拼 xiān 正 先	先生 xiānsheng 선생님 先先先先先先						

在 ~에 있다	在 zài	在 zài					
拼 zài 正 在	不在 bú zài 없다 在在在在在在						

告 알리다	告 gào	告 gào					
拼 gào 正 告	告诉 gàosu 알리다 告告告告告告告						

29

机	机	机						
기계, 기기	jī	jī						
拼 jī 正 機	手机 shǒujī 휴대전화							

机 机 机 机 机 机

稍	稍	稍						
잠시	shāo	shāo						
拼 shāo 正 稍	稍微 shāowēi 조금, 약간							

稍 稍 稍 稍 稍 稍 稍 稍 稍 稍 稍 稍

等	等	等						
기다리다	děng	děng						
拼 děng 正 等	请稍等。 Qǐng shāo děng. 잠시만 기다려 주세요.							

等 等 等 等 等 等 等 等 等 等 等 等

过 ~한 적이 있다	过 guo	过 guo						

拼 guo 正 過	去过 qù guo 가 본 적이 있다

过 过 过 过 过 过

长 길다	长 cháng	长 cháng						

拼 cháng 正 長	长城 Chángchéng 만리장성

长 长 长 长

当 당연히 ~해야 한다	当 dāng	当 dāng						

拼 dāng 正 當	当然 dāngrán 당연하다, 물론이다

当 当 当 当 当 当

次 차례, 번	次 cì	次 cì						

拼 cì 正 次	三次 sān cì 세 차례, 세 번

次 次 次 次 次 次

景 풍경	景 jǐng	景 jǐng					
拼 jǐng 正 景	风景 fēngjǐng 풍경						

景 景 景 景 景 景 景 景 景 景 景 景

真 확실히, 진실로	真 zhēn	真 zhēn					
拼 zhēn 正 真	真的 zhēn de 정말로, 진실로						

真 真 真 真 真 真 真 真 真 真

错 틀리다, 맞지 않다	错 cuò	错 cuò					
拼 cuò 正 錯	不错 bú cuò 맞다, 좋다						

错 错 错 错 错 错 错 错 错 错 错 错 错

宏 광대하다	宏 hóng	宏 hóng					
拼 hóng 正 宏	宏伟 hóngwěi 웅장하다, 장엄하다						

宏 宏 宏 宏 宏 宏 宏

喜 기쁘다, 좋아하다	喜	喜					
	xǐ	xǐ					
拼 xǐ 正 喜	喜欢 xǐhuan 좋아하다 ｜ 恭喜 gōngxǐ 축하하다						
				喜 喜 喜 喜 喜 喜 喜 喜 喜 喜 喜 喜			

运 운동하다	运	运					
	yùn	yùn					
拼 yùn 正 運	运动 yùndòng 운동						
					运 运 运 运 运 运 运		

踢 차다	踢	踢					
	tī	tī					
拼 tī 正 踢	踢球 tīqiú 공을 차다						
			踢 踢 踢 踢 踢 踢 踢 踢 踢 踢 踢 踢 踢 踢 踢				

球 공, 볼	球	球					
	qiú	qiú					
拼 qiú 正 球	踢足球 tī zúqiú 축구를 하다						
				球 球 球 球 球 球 球 球 球 球 球			

喜 | 运 | 踢 | 球 | 那 | 起 | 吧 | 场

那	那 那						
그, 저	nà	nà					
拼 nà 正 那	那么 nàme 그렇다면						

那 那 那 那 那 那

起	起 起						
일어서다	qǐ	qǐ					
拼 qǐ 正 起	一起 yìqǐ 함께						

起 起 起 起 起 起 起 起 起 起

吧	吧 吧						
어기조사(권유)	ba	ba					
拼 ba 正 吧	走吧！Zǒu ba! 가자！						

吧 吧 吧 吧 吧 吧 吧

场	场 场						
장소, 곳	chǎng	chǎng					
拼 chǎng 正 場	运动场 yùndòngchǎng 운동장						

场 场 场 场 场 场

舒 완만하다, 여유 있다	舒 shū	舒 shū				
拼 shū 正 舒	舒服 shūfu 편안하다					

舒 舒 舒 舒 舒 舒 舒 舒 舒 舒 舒 舒

头 머리	头 tóu	头 tóu				
拼 tóu 正 頭	头疼 tóuténg 머리 아프다					

头 头 头 头 头

咳 기침하다	咳 ké	咳 ké				
拼 ké 正 咳	咳嗽 késou 기침하다					

咳 咳 咳 咳 咳 咳 咳 咳 咳

还 게다가, 또	还 hái	还 hái				
拼 hái 正 還	还有 háiyǒu 그리고, 또한					

还 还 还 还 还 还 还

有 있다	有 yǒu	有 yǒu						
拼 yǒu 正 有	有点儿 yǒudiǎnr 조금, 약간							

有 有 有 有 有 有

发 발생하다	发 fā	发 fā						
拼 fā 正 發	发烧 fāshāo 열이 나다							

发 发 发 发 发

烧 열이 나다	烧 shāo	烧 shāo						
拼 shāo 正 燒	发烧 fāshāo 열이 나다							

烧 烧 烧 烧 烧 烧 烧 烧 烧 烧

得 동사와 형용사 뒤에 쓰여 결과나 정도를 나타냄	得 de	得 de						
拼 de 正 得	烧得厉害 shāo de lìhai 열이 심하다							

得 得 得 得 得 得 得 得 得 得

舒 头 咳 还 有 发 烧 得 针 吃 药 会

针	针	针					
바늘, 침	zhēn	zhēn					

拼 zhēn 正 針　打针 dǎzhēn 주사를 맞다

针针针针针针针

吃	吃	吃					
먹다	chī	chī					

拼 chī 正 吃　好吃 hǎochī 맛있다

吃吃吃吃吃吃

药	药	药					
약	yào	yào					

拼 yào 正 藥　吃药 chī yào 약을 먹다

药药药药药药药药药

会	会	会					
~할 것이다	huì	huì					

拼 huì 正 會　会好的 huì hǎo de 좋아질 것이다

会会会会会会

欢 기쁘다, 활기차다	欢 huān	欢 huān					

拼 **huān** 正 **歡** | 欢迎光临! Huānyíng guānglín! 어서오세요!

次 欢 欢 欢 欢 欢

点 주문하다	点 diǎn	点 diǎn					

拼 **diǎn** 正 **點** | 点菜 diǎn cài 요리를 주문하다

点 点 点 点 点 点 点 点 点

菜 요리, 채소	菜 cài	菜 cài					

拼 **cài** 正 **菜** | 菜单 càidān 메뉴판

菜 菜 菜 菜 菜 菜 菜 菜 菜 菜 菜

鸡 닭	鸡 jī	鸡 jī					

拼 **jī** 正 **鷄** | 宫保鸡丁 gōngbǎo jīdīng 꽁바오 지딩(요리명)

鸡 鸡 鸡 鸡 鸡 鸡 鸡

肉	肉	肉				
고기	ròu	ròu				

拼 ròu 正 肉

鱼香肉丝 yúxiāng ròusī 위시앙 로우쓰(요리명)

肉 肉 内 内 肉 肉

慢	慢	慢				
느리다	màn	màn				

拼 màn 正 慢

慢慢 mànman 느리다, 천천히

慢 慢 慢 慢 慢 慢 慢 慢 慢 慢 慢 慢

用	用	用				
들다	yòng	yòng				

拼 yòng 正 用

请用茶。Qǐng yòng chá. 차 드세요.

用 月 月 月 用

○ 想｜换｜把｜成

想 ~하고 싶다, ~하려고 한다	想 xiǎng	想 xiǎng				
拼 xiǎng 正 想	想去 xiǎng qù 가고 싶다					
	想 想 想 想 想 想 想 想 想 想 想 想					

换 바꾸다, 교환하다	换 huàn	换 huàn				
拼 huàn 正 换	换钱 huànqián 환전하다					
	换 换 换 换 换 换 换 换 换					

把 ~을, ~를	把 bǎ	把 bǎ				
拼 bǎ 正 把	把钱 bǎ qián 돈을					
	把 把 把 把 把 把 把					

成 ~으로 변하다	成 chéng	成 chéng				
拼 chéng 正 成	换成 huàn chéng ~으로 바꾸다					
	成 成 成 成 成 成					

동양북스 베스트 도서

THE
GOAL 1
22,000원

인스타
브레인
15,000원

직장인, 100만 원으로
주식투자 하기
17,500원

당신의 어린 시절이
울고 있다
13,800원

놀면서 스마트해지는 두뇌 자극
플레이북 딴짓거리 EASY
12,500원

죽기 전까지
병원 갈 일 없는 스트레칭
13,500원

가장 쉬운 독학
이세돌 바둑 첫걸음
16,500원

누가 봐도 괜찮은 손글씨 쓰는
법을 하나씩 하나씩 알기 쉽게
13,500원

가장 쉬운 초등 필수 파닉스
하루 한 장의 기적
14,000원

가장 쉬운 알파벳 쓰기
하루 한 장의 기적
12,000원

가장 쉬운 영어 발음기호
하루 한 장의 기적
12,500원

가장 쉬운 초등한자 따라쓰기
하루 한 장의 기적
9,500원

세상에서 제일 쉬운
엄마표 생활영어
12,500원

세상에서 제일 쉬운
엄마표 영어놀이
13,500원

창의쑥쑥 환이맘의
엄마표 놀이육아
14,500원

YouTube 　동양북스　 🔍 　를 검색하세요

https://www.youtube.com/channel/UC3VPg0Hbtxz7squ78S16i1g

JLPT

HSK

제2
외국어

구독 🔔 👍 💬 ↗

동양북스는 모든 외국어 강의영상을 무료로 제공하고 있습니다.
동양북스를 구독하시고 여러가지 강의 영상 혜택을 받으세요.

https://m.post.naver.com/my.nhn?memberNo=856655

NAVER 　동양북스 포스트　

를 팔로잉하세요

동양북스 포스트에서 다양한 도서 이벤트와
흥미로운 콘텐츠를 독자분들에게 제공합니다.

가장 쉬운 독학 중국어 첫걸음

지은이 신동윤

저자 **신동윤**

중국 南京大學 사회학 박사(경제사회학)
남서울대학교, 명지전문대학, 그리스도대학 강의
〈클릭 인터넷 중국어〉
〈新HSK 기출 적중문제집 5급〉
〈버전업! 사진으로 보고 배우는 중국문화〉
〈중국의 민낯〉
〈중국어뱅크 스마트 중국어 독해 STEP1〉

가장 쉬운 독학 중국어 첫걸음

초판 20쇄 2023년 2월 10일
지은이 신동윤 | **발행인** 김태웅 | **편집주간** 박지호 | **편집** 신효정, 김수연 | **디자인** 남은혜, 신효선 | **마케팅 총괄** 나재승 | **제작** 현대순

발행처 ㈜동양북스 | **등록** 제 2014-000055호 | **주소** 서울특별시 마포구 동교로22길 14 (04030)
구입문의 전화 (02)337-1737 **팩스** (02)334-6624 | **내용문의 전화** (02)337-1762 dybooks2@gmail.com

ISBN 979-11-5703-183-2 03720

머리말

중국의 역량이 늘어나는 만큼이나 중국어의 중요성도 커져가고 있어요. 그래서인지 요즘 서점가에는 중국어 관련 교재가 넘쳐나고 있죠. 그러나 대부분이 대학강의에 쓰이는 교재가 많아 독학으로 배우기에는 어려운 책들이 많습니다. 특히 단조로운 구성과 천편일률적인 내용들은 우리의 흥미를 쉽게 끌지 못하고 있어요.

가장 쉬운 독학 중국어 첫걸음은 그러한 학습자들의 고충을 이해하고, 혼자서도 쉽게 중국어를 공부할 수 있도록 만들었습니다. 본 교재는 본문 내용에 나오는 단어나 문장을 하나하나 강의하듯이 설명하고 있기 때문에 독학으로도 쉽게 중국어 공부가 가능해요. 지금까지 봐 왔던 중국 문화와는 색다른 중국 문화 내용으로 중국과 중국어에 대한 이해도도 함께 높아질 수 있어요.

가장 쉬운 독학 중국어 첫걸음은 처음 출판 기획에서부터 혼자서도 공부할 수 있는 학습서를 만드는데 중점을 뒀습니다. 중국어를 전혀 모르더라도 하나하나씩 배우고 · 이해하고 · 반복하여 교재에 담긴 중국어 회화 문장이 자연스럽게 모두 기억할 수 있도록 했어요.

외국어를 익히기 위해서는 학습자들의 노력이 밑받침 되어야 합니다. 외국어 학습은 하루 이틀의 공부만으로 완성되지 않아요. 꾸준한 노력과 반복 학습만이 의미 있는 성과를 얻을 수 있는 길입니다. 중국학교에 가면 자주 볼 수 있는 글귀가 있습니다.

好好儿学习，天天向上! 열심히 공부해서 꾸준히 향상되자!

Hǎohāor xuéxí, tiāntiān xiàngshàng!

여러분들도 열심히 공부해서 꾸준히 향상되시기 바랍니다.

저자 **신동윤**

차 례

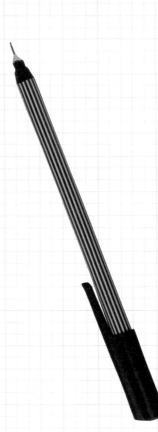

Contents

학습 플랜

 **30일** 기준으로 작성한 플랜입니다.

Day 1 월 일	**Day 2** 월 일	**Day 3** 월 일
☐ 중국어의 개요 16p~17p ☐ 중국어의 음절 18p~25p 성조 / 단운모 / 성모	☐ 중국어의 음절 26p~31p 결합운모 / 한어병음 표기 규칙	☐ 중국어의 음절 32p~37p 경성과 성조의 변화 / 한어병음 표
Day 7 월 일	**Day 8** 월 일	**Day 9** 월 일
개인 공부	☐ CHAPTER 03 64p~75p **이름과 나이를 물어봐요.** 이름 묻고 대답하기 / 나이 묻고 대답하기	☐ CHAPTER 04 76p~87p **생일 날짜를 물어봐요.** 생일 묻고 날짜로 대답하기 / 띠 묻고 대답하기
Day 13 월 일	**Day 14** 월 일	**Day 15** 월 일
개인 공부	☐ CHAPTER 07 114p~125p **시간·요일을 물어봐요.** 시간 묻고 대답하기 / 요일 묻고 대답하기	☐ CHAPTER 08 126p~137p **지금 하고 있는 동작을 물어봐요.** 현재 진행 표현 익히기 / 이유 묻는 표현 익히기
Day 19 월 일	**Day 20** 월 일	**Day 21** 월 일
개인공부	☐ CHAPTER 11 164p~175p **날씨를 물어봐요.** 날씨 묻고 대답하기 / '빌려주다' 표현 익히기	☐ CHAPTER 12 176p~187p **길을 물어봐요.** 위치 묻고 대답하기 / 대중교통 이용하기
Day 25 월 일	**Day 26** 월 일	**Day 27** 월 일
개인 공부	☐ CHAPTER 15 214p~225p **좋아하는 운동을 물어봐요.** 좋아하는 운동 묻고 대답하기 / 제안하기	☐ CHAPTER 16 226p~237p **어디가 아픈지 물어봐요.** 불편한 곳 묻고 대답하기 / 진찰 받기

개인 공부 일차에는 워크북, 간체자 쓰기노트, 핸드북 등 부록을 활용하여 공부해 보세요.
★ 아래 플랜은 팟캐스트와 동영상 강의 스케줄과는 무관합니다.

Day 4	월 일
☐ CHAPTER 01 38p~49p	

인사를 해요!
간단하게 인사하기 / 안부 묻고 대답하기 / 감사 표현 익히기

Day 5	월 일
☐ CHAPTER 02 50p~61p	

국적을 물어봐요.
국적 묻고 대답하기 / 처음 만났을 때 인사 표현 익히기

Day 6	월 일
복습 62p~63p	

Day 10	월 일
☐ CHAPTER 05 88p~99p	

가족 수를 물어봐요.
가족 수 묻고 대답하기 / 가족 구성원 말하는 표현 익히기

Day 11	월 일
☐ CHAPTER 06 100p~111p	

사는 곳과 직업을 물어봐요.
사는 곳 묻고 대답하기 / 직업 물어보기

Day 12	월 일
복습 112p~113p	

Day 16	월 일
☐ CHAPTER 09 138p~149p	

가격을 물어봐요.
가격 묻고 대답하기 / 단위와 중국화폐 익히기

Day 17	월 일
☐ CHAPTER 10 150p~161p	

가격을 흥정해 봐요.
가격 묻고 대답하기 / 흥정하는 표현 익히기

Day 18	월 일
복습 162p~163p	

Day 22	월 일
☐ CHAPTER 13 188p~199p	

전화번호를 물어봐요.
'여보세요' 표현 익히기 / 전화번호 묻고 대답하기

Day 23	월 일
☐ CHAPTER 14 200p~211p	

경험을 물어봐요.
경험 묻고 대답하기 / '~하기도 하고 ~하기도 하다' 표현 익히기

Day 24	월 일
복습 212p~213p	

Day 28	월 일
☐ CHAPTER 17 238p~249p	

주문을 해 봐요.
중국요리 주문하기 / 중국요리명 알기

Day 29	월 일
☐ CHAPTER 18 250p~261p	

환전을 해 봐요.
환전하기 / 중국화폐 종류 익히기

Day 30	월 일
복습 262p~263p	

이 책의 구성과 학습법

가장 쉬운 독학 중국어 첫걸음은 다음과 같이 구성됩니다.
본책을 중심으로 학습하면서 각 구성물도 함께 활용하세요!

본책   간체자 쓰기노트   워크북

핸드북 PDF   한어병음표

문장구조표   학습 플래너

본책

가장 쉬운 독학 중국어 첫걸음의 중심이 되는 책입니다.
크게 **중국어 발음**과 CHAPTER 01~18로 구성되어 있습니다.

중국어 발음

중국어의 개요에서 성모, 운모, 성조, 성조변화까지 중국어 발음에 대한 내용을 모두 담았어요. 본문에 들어가기 전에 꼭 마스터 하세요.

🎧 **MP3 활용법** 두 번씩 반복되는 내용을 듣고 따라 해 보세요.

앞에서 학습한 중국어 발음을 듣고 따라 읽어 보거나, 문제를 풀며 발음을 완벽하게 마스터 할 수 있는 연습문제를 준비했어요.

🎧 **MP3 활용법** 두 번씩 반복되는 내용을 듣고 문제를 풀어 보세요.

본격적인 중국어 학습이 시작됩니다.

본책

CHAPTER 제목과 학습목표로 배울 내용을 미리 확인해 보세요. 하단에는 앞 과에 나온 내용을 복습할 수 있게 다시 한 번 정리했습니다. 읽고 해석해 보세요.

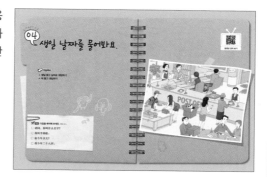

도입 페이지

회화에 나오는 문장을 미리 분석하면서 익힐 수 있는 코너예요. 초급자가 혼자서 공부할 수 있게 설명을 자세하게 정리했습니다.
[문법 콕콕]의 자세한 설명은 14p의 [일러두기] 코너를 확인해 보세요!

🎧 **MP3 활용법** 중국어와 한국어 녹음을 들은 후 중국어로 다시 한 번 들어보세요.

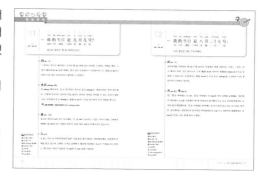

문법 콕콕
문법 학습 페이지

[문법 콕콕]에서 배운 내용을 하나의 회화문으로 연결하여 익힐 수 있는 코너예요. 각 단어의 뜻을 다시 한 번 복습하고, 녹음을 들으면서 한어병음을 써 보세요. 오른쪽에는 회화에 나오는 단어를 한 눈에 볼 수 있도록 정리했습니다.

🎧 **MP3 활용법** 회화는 보통 속도를 들으며 한어병음을 써 보고, 느린 속도를 들으며 따라 읽어 보세요. 단어는 두 번씩 반복되는 내용을 듣고 따라 읽어 보세요.

회화 술술
학습 내용을 총망라한 회화문

단어를 교체하며 주요 회화 문장을 익힐 수 있는 코너예요. 아래에 나열된 단어를 교체하며 새로운 문장을 배워 보세요.

🎧 **MP3 활용법** 녹음을 들으며 **새로운 단어의 발음**을 잘 듣고 따라 해 보세요.

문제 척척
학습 내용
확인 문제

**만만디
중국이야기**
중국에 관한
다양한 이야기

앞서 배운 단어와 문장을 스스로 확인해 볼 수 있는 코너예요. 빈 칸을 채우며 연습 문제를 풀어보세요.

🎧 **MP3 활용법** 녹음을 들으며 **단어의 성조를** 잘 듣고 빈칸을 채워 보세요.

일반적인 중국 문화와는 다른 새로운 소재의 중국 문화를 소개하는 코너예요. 흥미로운 내용을 읽으면서 잠시 쉬어가세요.

지금까지 학습한 내용을 좀 더 확실히 알고 넘어갈 수 있도록 정리해 놓은 코너예요. 마지막으로 탄탄히 다진다는 생각으로 공부한 것을 떠올리며 한 번 더 읽어보세요.

본책에 나왔던 단어를 선별하여 써볼 수 있는 쓰기노트예요. 획순을 참고하여 한자를 쓰면서 발음과 뜻도 함께 익혀보세요.

간체자 쓰기노트

문법 정리 본책의 [문법 콕콕]에서 모두 다루지 못한 CHAPTER를 선별하여 문법 내용을 정리했어요. 상세한 해설과 예문을 통해 문법 실력을 다질 수 있습니다.

워크북

연습 문제 본책의 내용을 바탕으로 한 다양한 문제를 담았어요. HSK를 대비하고 작문 실력도 높일 수 있습니다.

🎧 MP3 활용법 **연습 문제**의 듣기 문제 내용을 담았어요.

본책에 나온 단어와 문법, 회화를 한눈에 볼 수 있도록 정리한 핸드북 PDF 파일을 제공합니다. 프린터로 출력하거나 태블릿PC에 다운로드 해 사용할 수 있습니다.

핸드북 PDF

🎧 MP3 활용법 **단어** | 중국어 두 번, 한국어 한 번으로 녹음되어 있어 듣고 따라 읽을 수 있어요.
회화 술술 | 빠른 속도, 느린 속도를 들으며 한국어 내용이 어떻게 바뀌는지 확인해 보세요.
본문 회화 정리 | 중국어와 한국어로 녹음된 내용을 듣고 따라 읽어 보세요.

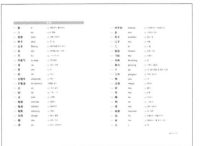

HSK 단어집

1~18과를 공부하고 바로 HSK 시험에 도전해 볼 수 있도록 HSK 1~3급 단어장을 PDF 파일로 제공합니다. 프린터로 출력하거나 태블릿PC에 다운로드 해 사용할 수 있습니다.

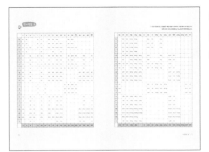

한어 병음표

한어병음을 한눈에 볼 수 있도록 정리한 표를 PDF 파일로 제공합니다. 프린터로 출력하거나 태블릿PC에 다운로드 해 사용할 수 있습니다.

문장 구조표

중국어의 기본 문장 구조를 한눈에 볼 수 있도록 정리한 표를 PDF 파일로 제공합니다. 프린터로 출력하거나 태블릿PC에 다운로드 해 사용할 수 있습니다.

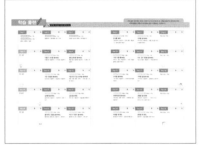

학습 플래너

스스로 학습 플랜을 계획해 볼 수 있도록 학습플래너를 PDF 파일로 제공합니다. 프린터로 출력하거나 태블릿PC에 다운로드 해 사용할 수 있습니다.

* 모든 학습 자료는 동양북스 홈페이지 자료실에서 다운로드 할 수 있습니다.

MP3 파일 청취 방법

1. 스마트폰으로 청취 시
'MP3 바로듣기' QR코드를 스캔해 언제 어디서나 다운로드 없이
원어민 음성을 들을 수 있습니다.

2. 컴퓨터로 청취 시
동양북스 홈페이지에서 MP3 파일을 다운로드 할 수 있습니다.

동양북스 홈페이지 http://www.dongyangbooks.com/

팟캐스트 오디오 해설 강의 청취 방법

무료강의
제공

1. 아이폰 사용자
 PODCAST 앱에서 '가장 쉬운 독학 중국어 첫걸음'을 검색하세요.

2. 안드로이드 사용자
팟빵 어플에서 '가장 쉬운 독학 중국어 첫걸음'을 검색하세요.

3. 컴퓨터로 청취 시

● 팟빵 http://www.podbbang.com에 접속하여 "동양북스" 검색
● 애플 iTunes 프로그램에서 "동양북스" 검색

일러두기

문·법·콕·콕

01 | 리밍

MP3_04_01

❶ ˇ ˉ ˊ ˋ ˇ ˋ ˇ ˋ
❷ 니 더 셩르 스 지 위에 지 하오
❸ Nǐ de shēngrì shì jǐ yuè jǐ hào?
你 的 生 日 是 几 月 几 号?
❹ 당신 ~의 생일 ~이다 몇 월 몇 일
❺ 당신의 생일은 몇 월 며칠인가요?

문법 콕콕 구조 설명

❶ 변화된 성조 표기 : 중국어를 읽고 연습하는 데에 도움이 되도록 1성, 3성이 정해진 규칙에
맞게 변화된 성조를 별도로 표기하였습니다.

❷ 한어병음을 한국어로 표기 : 중국어를 처음 학습하는 학습자를 위해 한어병음을 소리 나는
데로 한국어 자음, 모음을 활용하여 표기하였습니다.

　※성조를 반영하였기 때문에 같은 발음에도 된소리가 있을 수 있습니다.

❸ 한어병음 띄어 쓰기 : 한어병음은 단어를 기준으로 하여 띄어 쓰기를 했으며, 네 글자 단어
는 두 글자씩 띄었습니다.

❹ 단어 분석 : 중국어를 처음 접하는 학습자를 위해 단어를 기준으로 하여 의미를 모두 표기
하였습니다.

❺ 우리말 해석 : 우리말 해석은 단어 분석에 있는 의미 그대로 하지 않고, 우리말에 맞게 자연
스럽게 표현하였습니다. ※중국 지명은 중국어 발음 그대로 표기하였습니다.

품사 약어표

명사	명	개사	개	인칭대사		어기조사	
동사	동	형용사	형	의문대사	대	시태조사	조
부사	부	조동사	조동	지시대사		구조조사	
수사	수	접속사	접				
양사	양	감탄사	감				

중국어
발음

동영상 강의 보기

중국어의 개요

1. 표준어

중국은 영토가 넓은 만큼 방언의 종류도 다양하고 지역별로 발음과 어휘 차이가 많아 같은 중국인들조차도 서로 의사소통이 어려운 경우가 종종 있어요. 중국에서는 중국어를 '한어' 汉语 Hànyǔ라 하는데 이는 '한족 汉族 Hànzú의 언어'라는 뜻이에요. 한어라는 낱말은 생소하겠지만, 푸통화(보통화)라는 말은 여러 번 들어봤죠? 즉, 우리가 앞으로 배울 중국 표준어가 바로 보통화입니다.

2. 한자? 간체자?

우리나라에서 쓰는 한자와 중국에서 쓰는 한자는 생김새가 약간 달라요. 중국에서 쓰는 한자는 복잡한 한자를 빠르고 편하게 사용하기 위하여 한자 전체를 간략하게 만든 '간체자' 简体字 jiǎntǐzi로, 우리가 어렸을 때 배웠던 한자에 비해 훨씬 쓰기 간편하고 배우기 쉬워요. 상대적으로 원래의 획순을 그대로 가지고 있는 우리나라나 타이완의 한자는 '번체자' 繁体字 fántǐzi라고 부릅니다.

3. 중국어 문장의 기본

주어, 동사, 목적어와 같은 기본 문장성분의 순서를 파악하면, 어떤 언어도 쉽게 배울 수 있어요.

중국어의 어순은 영어처럼 동사를 중심으로 앞에는 주어가, 뒤에는 목적어가 와요. 게다가 중국어는 한자나 발음의 모양이 때에 따라 변하지 않고, 어순만 바꾸면 되니까 영어보다 훨씬 쉽습니다.

1. 긍정문

중국어 문장의 기본 어순은 **주어 + 동사 + 목적어** 입니다.

그는	먹는다	밥을
주어	+ 동사 +	목적어

2. 부정문

동사 앞에 不 bù(뿌)를 넣으면 됩니다.

그는	안 먹는다	밥을
주어	+ 동사 +	목적어

3. 의문문

서술문 **문장 끝에 吗 ma(마)?**를 붙입니다.

그는	먹는다	밥을	(어)?
주어	+ 동사 +	목적어 +	의문형

중국어의 음절

중국어 책을 보면 한자 말고도 영어 같은 알파벳이 많이 있어요. 이게 바로 **한어병음** **汉语拼音 Hànyǔ pīnyīn**이라는 거예요. 즉, '음'을 '표기한' 것이죠. 왜 이런 음이 필요하냐면, 한자는 뜻만 나타나 있을 뿐, 그것을 어떻게 읽는지는 알 수 없어요. 그래서 한자의 음을 알파벳으로 적기로 한 거죠. 알파벳은 세계적으로 널리 쓰이는 표기 수단이니까 누구나 봐도 쉽게 읽을 수 있을 테니까요.

중국어에서는 한 개의 한자가 일반적으로 한 개의 음절로 읽힙니다. 한자를 하나씩 끊어서 읽으면 되니까 아주 쉽지요. 중국어가 쉬운 이유가 또 하나 있는데, 바로 중국어에는 자음(= 성모)이 연달아 쓰이지 않는다는 점이에요. **하나의 음절**에는 **하나의 자음**(= 성모, 혹은 이마저도 없거나)과 **하나의 모음**(= 운모)만 있거든요. 그럼 이제부터 중국어 음절에 대해 알아봐요.

성조

중국어는 같은 음절이라도 그 높낮이에 따라 아예 다른 뜻이 돼요. 이런 변화를 **성조** 声调 shēngdiào, '소리의 가락'이라고 합니다. 중국어에는 1성, 2성, 3성, 4성이 있는데 운모의 주요 모음 위에 네 가지 부호(각각 ‾ ´ ˇ ˋ)로 표시해요.

🎧 MP3_00_01

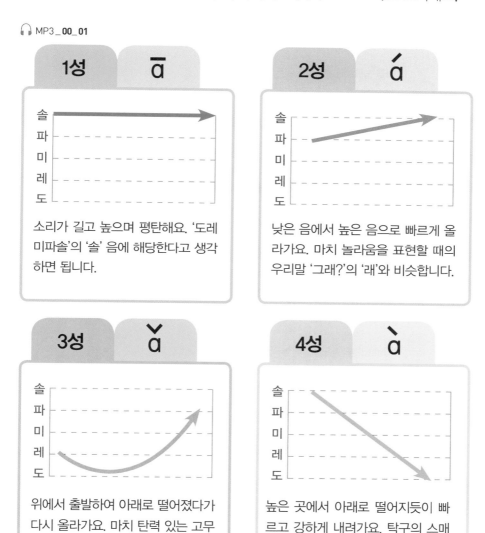

1성 ā

소리가 길고 높으며 평탄해요. '도레미파솔'의 '솔' 음에 해당한다고 생각하면 됩니다.

2성 á

낮은 음에서 높은 음으로 빠르게 올라가요. 마치 놀라움을 표현할 때의 우리말 '그래?'의 '래'와 비슷합니다.

3성 ǎ

위에서 출발하여 아래로 떨어졌다가 다시 올라가요. 마치 탄력 있는 고무공을 꾸욱 눌렀다가 놓았을 때와 같은 느낌으로 발음합니다.

4성 à

높은 곳에서 아래로 떨어지듯이 빠르고 강하게 내려가요. 탁구의 스매싱처럼 위에서 아래로 단숨에 내려온다고 생각하면 쉽습니다.

★ **경성** 음의 높낮이에 대한 특별한 변화 없이 그저 가볍고 편안하게 발음합니다.
(발음편의 마지막 부분에서 자세히 공부할 예정이에요!)

단 하나로 구성된 운모 - 단운모

운모 韻母 yùnmǔ란 우리말의 모음과 같은 부분입니다. 우리말에서 모음이 없으면 발음 자체가 안 되는 것처럼 운모도 아주 중요한 부분이에요. 중국어의 기본 운모에는 아, 에, 이, 오, 우와 특별한 하나가 있어요.

🎧 MP3_00_02

a [아]
입을 넓고 크게 벌려 내는 소리예요. 우리말의 [아]와 비슷하지만, 보다 더 크게 입을 벌려서 발음해봅시다.

o [오어]
입술을 동글게 하여 내는 소리예요. 우리말의 [오]보다 입술을 편하게 만든 뒤 입 속에서는 [어]를 소리내봅시다.

e [으어]
입을 편하게 살짝 벌린 상태로 내는 소리예요. 우리말의 [어]보다 입술을 더 평평하게 만들어 [으]가 섞여 나오도록 소리내봅시다. e로 표기되는 발음은 [어]말고 [에]도 있어요. 우리말의 [에]처럼 소리내면 됩니다.

i [이]
입 꼬리를 옆으로 쭉 늘려서 내는 소리예요. 우리말의 [이]보다 입 꼬리를 더 늘려서 소리내봅시다. i로 표기되는 발음은 [이]말고도 [으]도 있어요. 앞쪽에 오는 자음에 따라 달라집니다.

★ i 위에 성조를 표기할 때는 맨 위의 점을 생략해요.
★ i가 단독으로 쓰일 때는 yi로 표기해요.

u [우]
입술을 동글게 하여 내는 소리예요. 우리말의 [우]보다 입술을 더 동그랗게 만들어 소리내봅시다.

★ u가 단독으로 쓰일 때는 wu로 표기해요.

ü [위]
입술을 동글게 하여 내는 소리예요. 입술은 동그랗게 [우]를 만든 상태에서 입 속에서는 [위]를 소리내봅시다. 소리가 끝날 때까지 입술 모양을 동그랗게 유지하는 것이 핀! 인! 트!

★ ü가 단독으로 쓰일 때는 yu로 표기해요.

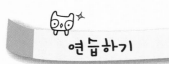

연습하기 정답 266p

1 여섯 가지 단운모에 앞에서 배운 네 가지 성조를 덧붙여 읽어보세요. 🎧 MP3_00_03

	1성	2성	3성	4성
a	ā	á	ǎ	à
o	ō	ó	ǒ	ò
e	ē	é	ě	è
i	ī	í	ǐ	ì
u	ū	ú	ǔ	ù
ü	ǖ	ǘ	ǚ	ǜ

2 녹음에서 들리는 단운모를 골라 표시하세요. 🎧 MP3_00_04

① ☐ á   ☐ í   ② ☐ ǒ   ☐ é   ③ ☐ ù   ☐ ǔ

3 녹음을 듣고 운모 위에 알맞은 성조를 표시하세요. 🎧 MP3_00_05

① a   ② o   ③ e

④ i   ⑤ u   ⑥ ü

성모 声母 shēngmǔ는 우리말의 자음과 같은 개념으로 ㄱ, ㄴ, ㄷ처럼 음절이 시작되는 부분이에요. 중국어에는 총 21개의 성모가 있고, 아래는 소리 나는 위치에 따라 분류해 놓은 것입니다. 분류된 성모에 자주 결합하는 단운모를 붙여 익혀 보세요.

🎧 MP3_00_06

영어의 [f] 발음처럼 읽으세요.

| b p m f + o | 뽀어 포어 모어 포어 |

윗입술과 아랫입술을 붙였다가 떼면서 소리 내요. 각각 우리말의 '뽀, 포, 모'와 비슷합니다.
f는 윗니 끝으로 아랫입술을 살짝 누른 후 바람을 내보내며 소리 내요.

🎧 MP3_00_07

| d t n l + e | 뜨어 트어 느어 르어 |

혀끝을 윗니 안쪽의 잇몸에 대었다가 떼면서 소리 내요. 우리말의 '떠, 터, 너'를 발음할 때보다 혀 끝이 더 위쪽으로 올라가야 합니다.
l는 우리말의 '러'를 발음할 때처럼 바람이 혀의 양쪽으로 새면서 소리가 나옵니다.

🎧 MP3_00_08

| g k h + e | 끄어 크어 흐어 |

혀뿌리로 목구멍을 막는다는 느낌으로 올린 뒤 소리 내요. 우리말의 '꺼, 커, 허'보다 더 목을 막으면서 소리내야 합니다.

j q x + i(이) 지 치 시

혓바닥을 평평하게 하여 혓바닥과 입천장 사이로 바람을 내보내며 소리 내요. 우리말 발음의
'지, 치 시'와 비슷합니다.

z c s + i(으) 쯔 츠 쓰

혀끝을 윗니 뒤쪽에 대고 가볍게 소리 냅니다. z 발음은 우리말에서 혀를 찰 때내는 '쯔쯔' 소리
와 비슷합니다. 바람을 세게 내보내면 c 발음이 되며, 바람을 몰아서 내보내지 않고 틈 사이로
내보내면 s 발음이 됩니다. j, q, x 발음과 다른 점이라면 혀끝이 항상 앞쪽에 와 있다는 거예요.
★ z, c, s 뒤에 오는 i는 [으]로 소리내면 돼요.

zh ch sh r + i(으) 즈 츠 스 르

혀끝을 펴지 않고 살짝 말듯 입천장 쪽으로 들어 올려
소리 냅니다. 그 상태에서 앞서 배운 z, c, s를 발음해 보
세요. r는 영어의 r 발음과 비슷하게 소리 내면 됩니다.
★ zh, ch, sh, r 뒤에 오는 i는 [으]로 소리내면 돼요.

zh나 ch처럼 알파벳 자음이
연달아 쓰여 있다고 해서 각각의
알파벳을 연달아 소리내는 것이
아니예요. 이것은 표기 일뿐,
하나의 자음입니다.

연습하기

정답 266p

1 단운모와 결합된 성모를 성조에 주의해서 따라 읽어보세요. 🎧 MP3_00_12

① mā   mà

② fó   fǒ

③ dī   dí

④ gè   gē

⑤ jī   jí

⑥ sǐ   sì

⑦ chē   chě

⑧ rú   rù

> j, q, x는 모음과 결합하는
> 것이 매우 제한적이어서
> i, ü와만 결합합니다.
> 그리고 j, q, x가 ü와 만나면
> ü의 위 두 점을
> 없애고 표기하니 헷갈리지
> 않도록 주의하세요!

2 그림을 보며 따라 읽어보세요. 🎧 MP3_00_13

① ② ③ ④

kū   nǚ   jī   zhū
쿠   뉘   지   쥬

3 녹음을 듣고 빈칸에 알맞은 성조나 성모를 써보세요. 🎧 MP3_00_14

① mɑ　　　② □ù　　　③ nu　　　④ □ù

⑤ □□í　　　⑥ sɑ　　　⑦ ji　　　⑧ □è

4 녹음에서 들리는 한어병음을 골라 표시하세요. 🎧 MP3_00_15

① □ bā　　　　　□ pā

② □ gū　　　　　□ kū

③ □ lù　　　　　□ lǜ

④ □ zè　　　　　□ cè

⑤ □ cí　　　　　□ chí

⑥ □ jǐ　　　　　□ zǐ

⑦ □ lǚ　　　　　□ lù　　　　　□ rù

⑧ □ sè　　　　　□ xì　　　　　□ shè

⑨ □ jí　　　　　□ qí　　　　　□ zǐ

⑩ □ jū　　　　　□ qù　　　　　□ xú

결합운모

우리말에서도 기본 모음을 결합하여 이중모음이 생기듯이 중국어도 **운모가 결합하여 여러 가지 발음을 만드는데**, 이를 '결합운모'라고 합니다. 모음끼리 결합할 때는 소리를 강하게 내는 순서가 다른데, a > o = e > i > u > ü 순서로 강하게 읽어요. 또 여러 가지 모음이 붙어 있더라도 한 번에 발음하는 것이 중요합니다.

🎧 MP3 _ **00** _ **16**

앞쪽을 강하게 발음하면 돼요. 여기서 주의할 점! e는 [어]가 아니라 [에]로 발음해요. 이처럼 e는 결합운모에서는 [에]로도 발음됩니다.

🎧 MP3 _ **00** _ **17**

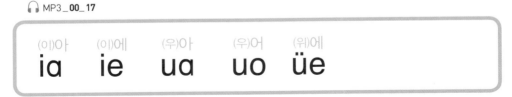

이 발음은 뒤쪽에 힘을 주어 발음하면 돼요. 앞쪽은 짧고 약하게 합니다.

★ 운모가 혼자 쓰일때 ia → ya / ie → ye / ua → wa / uo → wo / üe → yue로 표기

🎧 MP3 _ **00** _ **18**

이 발음은 가운데를 강하게 발음하면 돼요. 여러 개의 모음이 붙어 있지만, 꼭 한 박자에(한 음절로) 소리 내는 것이 중요해요.

★ 운모가 혼자 쓰일때 iao → yao / iou → you / uai → wai / uei → wei로 표기

중국어에는 받침 소리처럼 쓰이는 것이 몇 개 없어서 발음하기 참 쉬워요. 모두 코를 통과하며 나는 소리로, **우리말의 ㄴ 이나 ㅇ 받침소리**와 비슷합니다. 이러한 발음의 정식 이름은 **비운모**라고 합니다. 이때도 한 박자에 끝나도록 소리 내는 것이 중요해요.

 MP3 _ **00 _ 19**

안	이엔	우안	위엔
an	**ian**	**uan**	**üan**

a [아]가 중심이 되는 콧소리로, 우리말의 ㄴ 받침 소리라고 생각하면 쉽습니다. 여기에서 ian과 üan의 a는 앞에 있는 i, ü와 뒤에 있는 n 때문에 [아]가 아닌 [에]로 발음됩니다.

★ 운모가 혼자 쓰일때 ian → yan / uan → wan / üan → yuan으로 표기

 MP3 _ **00 _ 20**

앙	이앙	우앙
ang	**iang**	**uang**

a [아]가 중심이 되는 콧소리로, 우리말의 ㅇ 받침 소리라고 생각하면 쉽습니다.

★ 운모가 혼자 쓰일때 iang → yang / uang → wang으로 표기

🎧 MP3_**00**_21

언 우언 인 윈

en   uen(un)   in   ün

e [어]가 중심이 되는 콧소리로, 우리말의 ㄴ 받침 소리라고 생각하면 쉽습니다.

★ 운모가 혼자 쓰일때 uen → wen / in → yin / ün → yun으로 표기

🎧 MP3_**00**_22

엉 우엉 잉

eng   ueng   ing

e [어]가 중심이 되는 콧소리로, 우리말의 ㅇ 받침 소리라고 생각하면 쉽습니다.

★ 운모가 혼자 쓰일때 ueng → weng / ing → ying으로 표기

🎧 MP3_**00**_23

옹 이옹(융)

ong   iong

o [오]가 중심이 되는 콧소리로, 우리말의 ㅇ 받침 소리라고 생각하면 쉽습니다.

★ 운모가 혼자 쓰일때 iong → yong으로 표기

지금까지 배운 운모가 성모와 결합할 때 또는 홀로 쓰일 때에 표기 방식이 변하는 경우가 있어요. 또 성조를 표기할 때도 규칙이 있어요. 아래 규칙을 외워두고 한어병음을 읽어보세요.

⚬ 성모·운모 표기 규칙

① j, q, x가 ü와 결합할 때에는 ü의 두 점을 생략하여 표기하지만, 발음할 때에는 u로 하지 말고 ü로 해야 한다.

② iou, uei, uen이 성모와 결합할 때에는 o와 e를 생략해서, 각각 iu, ui, un으로 쓴다.

③ i로 시작하는 운모 앞에 성모가 없을 경우 i를 y로 바꾸어 쓴다.

★ i, in, ing는 i 앞에 y를 붙인다.

④ u로 시작되는 운모 앞에 성모가 없을 경우 u를 w로 바꾸어 쓴다.

★ u는 u 앞에 w를 붙인다.

⑤ ü로 시작되는 운모 앞에 성모가 없을 경우 ü를 yu로 바꾸어 쓴다.

⚬ 성조 표기 규칙

① 성조는 운모 위에 표기한다.

② 운모가 두 개 이상일 경우에 성조는 주요모음 위에 아래와 같은 순서로 쓴다.

$$a > o = e > i = u > ü$$

③ 운모 i와 u가 나란히 있을 때는 뒤에 오는 운모에 성조를 표기한다.

④ i위에 성조를 표기할 때는 위의 점을 생략한다.

연습하기

정답 266p

1 붉은 색 부분에 힘을 주어 읽어봅시다. 🎧 MP3_00_24

① **bǎi** 바이　　**fēi** 페이　　　**māo** 마오　　**dōu** 떠우

② **jiā** 지아　　**xiě** 시에　　　**huā** 화　　　**zuò** 쭈어　　　**xué** 쉬에

③ **niǎo** 니아오 **niú** 니우　　**shuài** 슈아이　**shuǐ** 슈에이

④ **fàn** 판　　**qián** 치엔　　**suān** 쑤안　　**xuǎn** 쉬엔

⑤ **tāng** 탕　　**liǎng** 리앙　　**chuáng** 츄앙

⑥ **rén** 런　　**wèn** (우)언　　**kùn** 쿤　　　**jìn** 찐　　　**qún** 췬

⑦ **lěng** 렁　　**wèng** (우)엉　　**qīng** 칭

⑧ **hóng** 홍　　**qióng** 치옹

> 눈치챘나요? 성조가
> 붙는 부분이 가장 강하게
> 발음됩니다!!

2 그림을 보며 따라 읽어봅시다. 🎧 MP3_00_25

① 　② 　③ 　④

shuǐguǒ
슈에이구어

xiāngjiāo
시앙지아오

miànbāo
미엔빠오

diànhuà
띠엔화

3 녹음을 듣고 빈칸에 알맞은 성조나 운모를 써보세요. 🎧 MP3_00_26

① cai ☐

② x ☐ ☐

③ gua ☐

④ z ☐ ☐

⑤ xian ☐

⑥ neng ☐

⑦ j ☐ ☐ ☐

⑧ x ☐ ☐ ☐ ☐

4 녹음에서 들리는 발음을 골라 표시하세요. 🎧 MP3_00_27

① ☐ gào   ☐ gòu

② ☐ xiě   ☐ xuě

③ ☐ zhuāi   ☐ zhuī

④ ☐ niáo   ☐ niú

⑤ ☐ qiáng   ☐ qióng

⑥ ☐ yuán   ☐ yún

⑦ ☐ duàn   ☐ dùn

⑧ ☐ lán   ☐ láng

경성 🎧 MP3_00_28

경성 轻声 qīngshēng이란 말 그대로 가볍게 소리 내는 것을 말해요. 경성은 앞 음절에 나오지 않고 뒷 음절에 나오는데, 앞 음절의 성조에 따라 높낮이가 조금 달라집니다. 억지로 외우지 말고, 앞 음절에 따라 가볍게 소리내보세요. 경성은 성조 부호가 따로 없답니다!

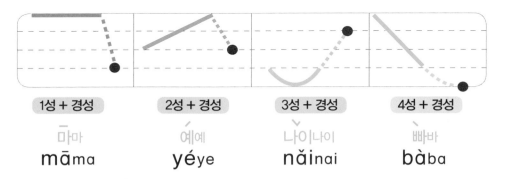

1성 + 경성	2성 + 경성	3성 + 경성	4성 + 경성
마마	예예	나이나이	빠바
māma	yéye	nǎinai	bàba

er 발음 🎧 MP3_00_29

우리가 성모(자음)에서 r 발음을 배웠는데요, 거기에 e [어] 소리를 붙여 내면 바로 그것이 er [얼] 발음이에요. 이 소리는 성모(자음) 없이 단독으로 음절을 만듭니다. 자주 쓰이는 글자로 二 èr, 儿 ér, 耳 ěr, 而 ér 등이 있습니다.

그런데 이 글자 중에서 儿 ér은 다른 글자의 뒤에 붙어서 원래의 뜻과 원래의 성조를 버리고, 붙어있는 단어의 발음을 변형시켜, 그 뜻을 강화해 줘요.

활	깔	왈	샤오할
huār	gàir	wánr	xiǎoháir

3성의 변화 🎧 MP3_00_30

일반적으로 3성 두 개가 나란히 쓰일 때, 앞의 3성은 2성으로 읽습니다.

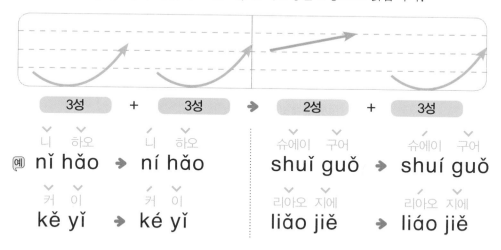

| 3성 | + | 3성 | ➡ | 2성 | + | 3성 |

예 nǐ hǎo ➡ ní hǎo   shuǐ guǒ ➡ shuí guǒ
니 하오   니 하오   슈에이 구어   슈에이 구어

kě yǐ ➡ ké yǐ   liǎo jiě ➡ liáo jiě
커 이   커 이   리아오 지에   리아오 지에

一 yī와 不 bù의 변화 🎧 MP3_00_31

원래 一는 yī로 읽지만 만약 뒤에 1, 2, 3성의 글자가 나오면 yì로 읽고, 뒤에 4성의 글자가 나오면 yí로 읽습니다.

예 yī tiān ➡ yì tiān   yī wǎn ➡ yì wǎn
이 티엔   이 티엔   이 완   이 완

yī nián ➡ yì nián   yī kuài ➡ yí kuài
이 니엔   이 니엔   이 콰이   이 콰이

원래 不는 bù로 읽지만 만약 뒤에 4성의 글자가 나오면 bú로 읽습니다.

예 bù gāo ➡ bù gāo   bù hǎo ➡ bù hǎo
뿌 까오   뿌 까오   뿌 하오   뿌 하오

bù nán ➡ bù nán   bù màn ➡ bú màn
뿌 난   뿌 난   뿌 만   부 만

연습하기

정답 266p

1 다음 성조 그림을 보며 경성을 연습해봅시다. 🎧 MP3_**00_32**

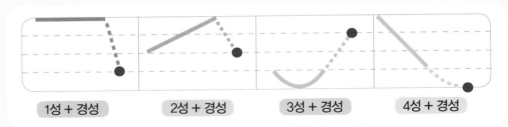

| 1성 + 경성 | 2성 + 경성 | 3성 + 경성 | 4성 + 경성 |

dōngxi 똥시   péngyou 펑여우   jiějie 지에지에   mèimei 메이메이
xiūxi 시우시   xuésheng 쉬에성   xǐhuan 시환   piàoliang 피아오리앙

2 그림을 보며 따라 읽어봅시다. 🎧 MP3_**00_33**

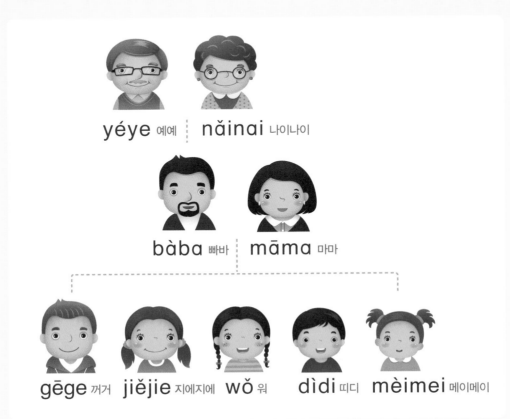

yéye 예예 ┊ nǎinai 나이나이

bàba 빠바   māma 마마

gēge 꺼거   jiějie 지에지에   wǒ 워   dìdi 띠디   mèimei 메이메이

3 제3성의 변화를 느끼며 녹음을 따라 읽어 봅시다. 🎧 MP3_00_34

① xiǎojiě 시아오지에

② yěxǔ 예쉬

③ fǔdǎo 푸다오

④ shǒubiǎo 쇼우비아오

4 一 yī와 不 bù의 성조 변화를 느끼며 따라 읽어 봅시다. 🎧 MP3_00_35

① yì zhōu 이 쪼우

② yì píng 이 핑

③ yìqǐ 이 치

④ yíhuìr 이 훨

⑤ yí ge 이 거

⑥ bù chī 뿌 츠

⑦ bù xíng 뿌 씽

⑧ bù zǎo 뿌 자오

⑨ bú zài 부 짜이

5 녹음을 듣고 yī(一)와 bù(不)의 변화된 성조를 표시해봅시다. 🎧 MP3_00_36

① yi mǐ

② yi zhāng

③ yi gòng

④ yi pán

⑤ bu suān

⑥ bu xiǎo

⑦ bu néng

⑧ bu cuò

	a	o	e	-i	i	u	ü	ai	ei	ao	ou	ia	ie	iao	iou (iu)	ua	uo	uai	uei (ui)
b	ba	bo			bi	bu		bai	bei	bao			bie	biao					
p	pa	po			pi	pu		pai	pei	pao	pou		pie	piao					
m	ma	mo	me		mi	mu		mai	mei	mao	mou		mie	miao	miu				
f	fa	fo				fu			fei		fou								
d	da		de		di	du		dai	dei	dao	dou		die	diao	diu		duo		dui
t	ta		te		ti	tu		tai		tao	tou		tie	tiao			tuo		tui
n	na		ne		ni	nu	nü	nai	nei	nao	nou		nie	niao	niu		nuo		
l	la		le		li	lu	lü	lai	lei	lao	lou	lia	lie	liao	liu		luo		
g	ga		ge			gu		gai	gei	gao	gou					gua	guo	guai	gui
k	ka		ke			ku		kai	kei	kao	kou					kua	kuo	kuai	kui
h	ha		he			hu		hai	hei	hao	hou					hua	huo	huai	hui
j					ji	ju						jia	jie	jiao	jiu				
q					qi	qu						qia	qie	qiao	qiu				
x					xi	xu						xia	xie	xiao	xiu				
z	za		ze	zi		zu		zai	zei	zao	zou						zuo		zui
c	ca		ce	ci		cu		cai		cao	cou						cuo		cui
s	sa		se	si		su		sai		sao	sou						suo		sui
zh	zha		zhe	zhi		zhu		zhai	zhei	zhao	zhou					zhua	zhuo	zhuai	zhui
ch	cha		che	chi		chu		chai		chao	chou					chua	chuo	chuai	chui
sh	sha		she	shi		shu		shai	shei	shao	shou					shua	shuo	shuai	shui
r			re	ri		ru				rao	rou					rua	ruo		rui
	a	o	e		yi	wu	yu	ai	ei	ao	ou	ya	ye	yao	you	wa	wo	wai	wei

	üe	an	en	ang	eng	ong	er	ian	in	iang	ing	iong	uan	uen (un)	uang	ueng	üan	ün
b		ban	ben	bang	beng			bian	bin		bing							
p		pan	pen	pang	peng			pian	pin		ping							
m		man	men	mang	meng			mian	min		ming							
f		fan	fen	fang	feng													
d		dan	den	dang	deng	dong		dian			ding		duan	dun				
t		tan		tang	teng	tong		tian			ting		tuan	tun				
n	nüe	nan	nen	nang	neng	nong		nian	nin	niang	ning		nuan					
l	lüe	lan		lang	leng	long		lian	lin	liang	ling		luan	lun				
g		gan	gen	gang	geng	gong							guan	gun	guang			
k		kan	ken	kang	keng	kong							kuan	kun	kuang			
h		han	hen	hang	heng	hong							huan	hun	huang			
j	jue							jian	jin	jiang	jing	jiong					juan	jun
q	que							qian	qin	qiang	qing	qiong					quan	qun
x	xue							xian	xin	xiang	xing	xiong					xuan	xun
z		zan	zen	zang	zeng	zong							zuan	zun				
c		can	cen	cang	ceng	cong							cuan	cun				
s		san	sen	sang	seng	song							suan	sun				
zh		zhan	zhen	zhang	zheng	zhong							zhuan	zhun	zhuang			
ch		chan	chen	chang	cheng	chong							chuan	chun	chuang			
sh		shan	shen	shang	sheng								shuan	shun	shuang			
r		ran	ren	rang	reng	rong							ruan	run				
	yue	an	en	ang	eng		er	yan	yin	yang	ying	yong	wan	wen	wang	weng	yuan	yun

인사를 해요!

📖 **학습목표**

- 간단하게 인사하기
- 안부 묻고 대답하기
- 감사 표현 익히기

✅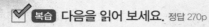

☑ **복습** 다음을 읽어 보세요. 정답 270p

☐ b, f, t, h

☐ q, s, zh, r

☐ ao, ie, iou, wan

☐ ang, wen, eng, iong

동영상 강의 보기

01

리밍

니 하오
Nǐ hǎo!

你 好!

당신 좋다

안녕하세요!

🎧
MP3_01_01

○ **你** nǐ 너, 당신

'너', '자네', '당신'을 중국어에서는 인칭대사라고 하며, 你 nǐ는 2인칭을 가리켜요. 문장에서는 주어로 쓰였지만 문맥상 우리말로 해석할 때 주어인 '너'가 생략돼요. 중국어에는 우리말과 다르게 높임말이 발달하지 않았어요. 다만 상대방이 윗사람일 경우에만 你 nǐ 대신 您 nín을 사용해서 공손하게 표현해요.

💡 我 wǒ 나 (1인칭), 他 tā 그 (3인칭), 她 tā 그녀 (3인칭), 它 tā 그것 (3인칭, 사람 이외의 동물과 사물을 가리킴)

○ **好** hǎo 좋다

형용사 好 hǎo가 주어 뒤에서 '좋다'라는 의미의 술어로 쓰여서 형용사술어문이에요. 인칭대사 你 nǐ와 好 hǎo가 함께 쓰이면 '당신 좋다'라는 의미가 아닌, 관용적인 인사 표현으로 '안녕하세요!', 안녕하십니까!', '안녕!'이라는 의미입니다.

💡 윗사람에게 인사할 때에는 **您好!** Nín hǎo!라고 인사하면 돼요!

 단어정리

你 nǐ 때 너, 당신
好 hǎo 형 좋다

02

한송

니 하오 마
Nǐ hǎo ma?

你 好 吗?

당신 좋다

MP3_01_02

당신은 어떻게 지내세요?

○ **吗** ma

吗 ma는 문장 끝에 쓰여 의문문을 만들 수 있는 의문조사예요. 문장에서는 주어 你 nǐ와 형용사술어 好 hǎo가 결합된 문장 你好 nǐ hǎo 끝에 쓰여 '어떻게 지내세요?', '안녕하십니까?', '안녕하세요?' 등의 안부를 묻는 표현으로 사용돼요.

你好!
안녕하세요!

你好!
안녕하세요!

Tip
안부를 묻지 않고 간단하게 인사만 나누고
싶으면 你好 nǐ hǎo만 주고받아도 됩니다.

📖 **단어정리**

你 nǐ 때 너, 당신
好 hǎo 형 좋다
吗 ma 조 문장 끝에 쓰여
　의문의 어기를 나타냄

문·법·콕·콕

03

리밍

워 헌 하오 니 너
Wǒ hěn hǎo, nǐ ne?

我 很 好, 你 呢?

나　매우　좋다　당신

나는 매우 잘 지내요. 당신은요?

MP3_01_03

我 wǒ 나

'나'라는 뜻으로 1인칭을 가리키는 인칭대사예요. 문장에서는 주어로 쓰여 가장 앞에 위치했어요. 중국어에는 '은', '는', '이', '가'와 '을', '를'과 같은 조사가 따로 없어요. 그래서 우리말로 해석할 때 조사를 붙여서 자연스럽게 해석하면 됩니다.

很 hěn 매우

很 hěn은 '매우'라는 뜻으로 형용사술어 앞에서 정도를 강조하는 부사예요. 문장에서는 好 hǎo를 수식하고 있으며 '매우'라는 뜻으로 해석되고 있어요. 很 hěn은 형용사술어를 수식하는 대표적인 부사지만, 형용사술어 앞에 습관적으로 쓰이기 때문에 의미를 해석하지 않을 때도 있어요.

好 hǎo 좋다

문장에서 好 hǎo는 주어 我 wǒ 뒤에서 형용사술어로 쓰였어요. 앞에서 배운 你好 nǐ hǎo는 상대방의 안부를 묻는 것이지만, 문장에서는 '나는 좋다'란 의미입니다.

呢 ne

呢 ne는 명사나 인칭대사 뒤에 쓰여 '~는요?'처럼 의문문을 만들 수 있는 어기조사예요. 문장에서 你 nǐ라는 인칭대사에 呢 ne를 붙여 '너는?', '당신은요?'처럼 간단하게 의문문을 만들었어요.

단어정리

我 wǒ 団 나
很 hěn 부 매우
好 hǎo 형 좋다
你 nǐ 団 너, 당신
呢 ne 조 문장 끝에 쓰여
　의문의 어기를 나타냄

04

MP3_01_04

한송

워 예 현 하오 씨에씨에
Wǒ yě hěn hǎo, xièxie.

我 也 很 好，谢谢。
나 ~도 매우 좋다 고맙습니다

나도 매우 잘 지내요. 고마워요.

也 yě ~도

也 yě는 부사로 주어 뒤, 술어 앞에 위치해요. 상대방의 말에 동의하는 대답을 할 경우에 쓰이며, 문장에서는 '나도~', '나 역시~'라는 의미로 해석하면 됩니다.

> 부사 也 yě와 很 hěn이 한 문장에 나오면 也很 yě hěn 순서로 말해요.

谢谢 xièxie 고맙습니다

谢谢 xièxie는 동사로, 중국어에서 관용적으로 사용되는 감사 인사입니다. 높임말과 낮춤말의 구분이 없으며 영어의 'Thank you'와 같이 어디서든 흔하게 쓰이는 감사 표현이에요.

> 谢 xiè를 한 글자만 써서 '감사하다'는 표현을 하기도 하지만 이는 매우 가까운 사이에서만 가능해요.

자주 사용되는 관용어 표현

对不起 duìbuqǐ 미안합니다

没关系 méi guānxi 괜찮습니다 (对不起 duìbuqǐ의 대답)

不客气 bú kèqi 천만에요 (谢谢 xièxie의 대답)

再见 zàijiàn 잘 가요(헤어질 때 인사)

 단어정리

我 wǒ 때 나
也 yě 뿐 ~도, 역시
很 hěn 뿐 매우
好 hǎo 혤 좋다
谢谢 xièxie 통 고맙습니다, 감사합니다

➡️ 리밍과 한송이 서로의 안부를 묻고 있어요.

李明 你好！
병음 써 보기

당신 좋다

韩松 你好吗？
당신 좋다

李明 我很好，你呢？
나 매우 좋다 당신

韩松 我也很好，谢谢。
나 ~도 매우 좋다 고맙습니다

리밍 　안녕하세요!

한송 　당신은 어떻게 지내세요?

리밍 　나는 매우 잘 지내요. 당신은요?

한송 　나도 매우 잘 지내요. 고마워요.

안녕하세요!

📖단어 🎧 MP3_**01_07**

☐ ☐ **你** nǐ 〔때〕 너, 당신

☐ ☐ **好** hǎo 〔형〕 좋다

☐ ☐ **吗** ma 〔조〕 문장 끝에 쓰여 의문의 어기를 나타냄

☐ ☐ **我** wǒ 〔때〕 나

☐ ☐ **很** hěn 〔부〕 매우

☐ ☐ **呢** ne 〔조〕 문장 끝에 쓰여 의문의 어기를 나타냄

☐ ☐ **也** yě 〔부〕 ~도, 역시

☐ ☐ **谢谢** xièxie 〔통〕 고맙습니다, 감사합니다

01 🎧 MP3_01_08

(인칭대사) 안녕하세요!

Nǐ hǎo!

你好!

nín
① **您** 당신

nǐmen
② **你们** 너희들

dàjiā
③ **大家** 여러분

Tip
您 nín은 你 nǐ의 존칭이에요.

02 🎧 MP3_01_09

당신은 어떻게 지내세요?

Nǐ hǎo ma?

你好吗?

nǐ bàba
① **你爸爸** 당신의 아버지

nǐ māma
② **你妈妈** 당신의 어머니

nǐ lǎoshī
③ **你老师** 당신의 선생님

03 🎧 MP3_**01_10**

당신은요?

Nǐ ne?

你呢?

① wǒmen **我们** 우리

② nǐmen **你们** 당신들

③ tāmen **他们** 그들

04 🎧 MP3_**01_11**

나도 매우 잘 지내요.

Wǒ yě hěn hǎo.

我也很好。

① gāoxìng **高兴** 기쁘다

② gǎndòng **感动** 감동하다

③ xìngfú **幸福** 행복하다

1 녹음을 듣고 해당하는 박스에 성조를 표시해 보세요. 🎧 MP3_01_12

1 你 ni

2 好 hao

3 我 wo

4 谢谢 xiexie

2 본문에서 배운 내용을 참고하여 빈칸에 알맞은 한어병음과 중국어를 써 보세요.

Nǐ ⬜⬜ !

你 ⬜⬜ !

Nǐ hǎo ⬜⬜ ?

你好 ⬜⬜ ?

Wǒ ⬜⬜ hǎo, nǐ ⬜⬜ ?

我 ⬜⬜ 好, 你 ⬜⬜ ?

Wǒ ⬜⬜ hěn hǎo, ⬜⬜⬜ .

我 ⬜⬜ 很好, ⬜⬜⬜ 。

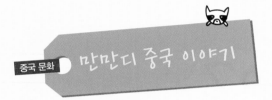
중국어 인사말

우리말에는 시간대에 따른 인사법이 따로 없지만, 중국어에는 시간대별로 다른 인사법이 있어요. 예를 들면 아침에는 早上好 zǎoshang hǎo나 早安 zǎo'ān이라고 인사를 하는데요. 영어의 Good Morning과 의미가 같아요. 이 외에도 점심에는 中午好 zhōngwǔ hǎo, 오후에는 下午好 xiàwǔ hǎo라고 하는데요. 여기서 中午 zhōngwǔ는 '정오'를 下午 xiàwǔ는 '오후'라는 뜻이라는 것을 알 수 있습니다. 그러면 저녁 인사말은 어떻게 말할까요? 저녁에 만나서 인사를 하는 상황이라면 晚上好 wǎnshang hǎo라고 하시면 됩니다. 만약에 '안녕히 주무세요'라고 말하고 싶다면 간단하게 晚安 wǎn'ān이라고 해 주세요. 마지막으로 헤어질 때 하는 인사말은 再见 zàijiàn이라고 말하는데요, 시간대에 상관없이 사용할 수 있어요. '다시' 再 zài '보자' 见 jiàn라는 뜻이에요.

CHAPTER

02 국적을 물어봐요.

📖 **학습목표**

- 국적 묻고 대답하기
- 처음 만났을 때 인사 표현 익히기

 복습 **다음을 해석해 보세요.** 정답 270p

□ 你好!

□ 你好吗?

□ 我很好，你呢?

□ 我也很好，谢谢。

동영상 강의 보기

01

리밍

니 스 나 구어 런
Nǐ shì nǎ guó rén?

你 是 哪 国 人?

당신 ~이다 어느 나라 사람

MP3_02_01

당신은 어느 나라 사람인가요?

是 shì ~이다

동사 是 shì는 '~이다'라는 의미로 문장에서 주어 你 nǐ 뒤에 쓰여 술어 역할을 해요.
'A 是 B'의 형식으로 쓰여 'A는 B이다'라고 해석을 합니다.

哪 nǎ 어느

의문문을 만드는 吗 ma 대신 문장에서 의문문을 만들 수 있는 대사를 의문대사라고 해
요. 哪 nǎ는 '어느', '어느 것'이라는 의미의 의문대사로 문장에서 '어느 나라'인지를 물어
보기 위해 哪 nǎ가 国 guó 앞에 쓰였어요.

🔍 의문대사가 쓰인 의문문에서는 의문조사 吗 ma를 또 쓰지 않아요.

国 guó 나라

国 guó는 '국가', '나라'라는 뜻의 명사입니다. 단독으로 쓰일 때는 国 guó 뒤에 家 jiā를
붙인 国家 guójiā를 많이 써요.

人 rén 사람

人 rén은 '사람'이라는 뜻으로 품사는 명사예요. 문장에서는 哪 nǎ, 国 guó와 결합하여
'어느 나라 사람'을 의미합니다.

📖 단어정리

你 nǐ 데 너, 당신
是 shì 통 ~이다
哪 nǎ 데 어느, 어느 것
国 guó 명 국가, 나라
人 rén 명 사람

02

한송

워 스 한구어런 니 너
Wǒ shì Hánguórén. Nǐ ne?

我 是 韩国人。你 呢?

나 ~이다 한국인 당신

MP3_02_02

나는 한국인입니다. 당신은요?

是 shì ~이다

'A 是 B'의 형식으로 문장에서 我 wǒ와 韩国人 Hánguórén 사이에 위치하여 '나=한국인'이라는 의미가 돼요.

韩国人 Hánguórén 한국인

앞에서 배웠던 '나라' 国 guó와 '사람' 人 rén에 '한국'을 의미하는 韩 Hán이 쓰여 '한국인'이라는 명사로 쓰였어요. 문장에서는 목적어 역할을 합니다.

美国人 Měiguórén 미국인, 日本人 Rìběnrén 일본인, 外国人 wàiguórén 외국인

呢 ne

명사에 어기조사 呢 ne를 붙이면 의문문을 만들 수 있어요. 문장에서 인칭대사 你 nǐ에 呢 ne를 붙여 '너는?', '당신은요?'라는 의미의 의문문 你呢? Nǐ ne?를 만들었습니다.

📖 단어정리

我 wǒ 団 나
是 shì 통 ~이다
韩国人 Hánguórén
　　명 한국인
你 nǐ 団 너, 당신
呢 ne 조 문장 끝에 쓰여
　　의문의 어기를 나타냄

03

MP3_02_03

리밍

워 스 쭝구어런   런스 니 헌 까오씽
Wǒ shì Zhōngguórén. Rènshi nǐ hěn gāoxìng.
我 是 中国人。认识 你 很 高兴。
나 ~이다 중국인   알다 당신 매우 기쁘다

나는 중국인입니다. 당신을 알게 되어 매우 기쁩니다.

认识你 rènshi nǐ 당신을 알다

认识 rènshi는 사람을 '알다'라는 뜻으로 동사입니다. 단순히 연예인을 보고 '내가 아는 사람'이라는 의미가 아니라, 만나 본 적이 있거나 서로 알고 있는 경우에 사용해요. 이 문장에서는 당신을 알게 되어 기쁜 것이기 때문에 '당신을 알게 되다'의 의미인 认识你 rènshi nǐ가 의미상 很高兴 hěn gāoxìng 앞에 위치했으며, 认识你 rènshi nǐ 뒤에 나와야 하는 문장의 주어 我 wǒ가 생략된 문장이에요. 중국어는 이처럼 의미상으로 단어의 위치가 결정되는 경우가 많다는 사실을 기억해 주세요!

🔍 문장에서 我 wǒ가 생략된 것처럼 중국어에서는 말을 할 때 상대방이 아는 내용은 반복하지 않아요.

很 hěn 매우

很 hěn은 형용사의 정도를 강조하는 부사로 뒤에 나오는 형용사 高兴 gāoxìng을 수식하고 있습니다.

高兴 gāoxìng 기쁘다

高兴 gāoxìng은 '기쁘다', '즐겁다'라는 의미의 형용사로 사람의 감정을 나타낼 때 쓰여요. 문장에서는 처음 만나서 매우 '반갑다'라는 감정 표현의 의미로 사용되었으며, 형용사술어 역할을 하고 있어요.

🔍 认识你很高兴 rènshi nǐ hěn gāoxìng은 처음 만난 사람과 인사를 나눌 때 하는 관용 표현으로 '만나서 반갑습니다'라는 뜻이에요.

📖 단어정리

我 wǒ 때 나
是 shì 통 ~이다
中国人 Zhōngguórén
　　 명 중국인
认识 rènshi 통 알다
你 nǐ 때 너, 당신
很 hěn 부 매우
高兴 gāoxìng
　　 형 기쁘다, 즐겁다

04

한송

MP3_02_04

런스 니 워 예 헌 까오씽
Rènshi nǐ wǒ yě hěn gāoxìng.

认识 你 我 也 很 高兴。

알다　당신　나　~도　매우　기쁘다

나도 당신을 알게 되어 매우 기쁩니다.

认识你 rènshi nǐ 당신을 알다

이 문장에서는 의미상으로 기쁜 이유를 먼저 말해야 하므로 认识你 rènshi nǐ가 문장 앞에 위치했습니다.

我 wǒ 나

문장에서는 '나도'라는 말을 생략할 수 없기 때문에 认识你很高兴 rènshi nǐ hěn gāoxing에서 생략된 我 wǒ '나'가 부사 也 yě 앞에 쓰였어요.

也 yě ~도

也 yě는 부사로 주어 뒤에 위치하며, 앞에서 배운 것처럼 很 hěn과 함께 쓰일 때에는 很 hěn 앞에 위치해요.

📖 단어정리

认识 rènshi 통 알다
你 nǐ 대 너, 당신
我 wǒ 대 나
也 yě 부 ~도, 역시
很 hěn 부 매우
高兴 gāoxìng
　　　형 기쁘다, 즐겁다

➡️ 첫 만남에서 리밍과 한송이 인사를 하고 있어요.

李明

당신 ～이다 어느 나라 사람
你 是 哪 国 人？

✏️ 병음 써 보기

韩松

나 ～이다 한국인 　　당신
我 是 韩国人。 你 呢？

李明

나 ～이다 중국인 　　알다 당신 매우 기쁘다
我 是 中国人。 认识 你 很 高兴。

韩松

알다 당신 나 ～도 매우 기쁘다
认识 你 我 也 很 高兴。

리밍　　당신은 어느 나라 사람인가요?

한송　　나는 한국인입니다. 당신은요?

리밍　　나는 중국인입니다. 당신을 알게 되어 매우 기쁩니다.

한송　　나도 당신을 알게 되어 매우 기쁩니다.

📖단어　🎧MP3_02_07

- □ □ 你 nǐ 〔대〕 너, 당신
- □ □ 是 shì 〔동〕 ~이다
- □ □ 哪 nǎ 〔대〕 어느, 어느 것
- □ □ 国 guó 〔명〕 국가, 나라
- □ □ 人 rén 〔명〕 사람
- □ □ 我 wǒ 〔대〕 나
- □ □ 韩国人 Hánguórén 〔명〕 한국인
- □ □ 呢 ne 〔조〕 문장 끝에 쓰여 의문의 어기를 나타냄
- □ □ 中国人 Zhōngguórén 〔명〕 중국인
- □ □ 认识 rènshi 〔동〕 알다
- □ □ 很 hěn 〔부〕 매우
- □ □ 高兴 gāoxìng 〔형〕 기쁘다, 즐겁다
- □ □ 也 yě 〔부〕 ~도, 역시

01 🎧 MP3_02_08

당신은 어느 나라 사람인가요?

Nǐ shì nǎ guó rén?

你是哪国人?

tā
① 他 그

tā
② 她 그녀

nǐmen
③ 你们 너희들

02 🎧 MP3_02_09

나는 한국인입니다.

Wǒ shì Hánguórén.

我是**韩国人**。

Zhōngguórén
① 中国人 중국인

Měiguórén
② 美国人 미국인

wàiguórén
③ 外国人 외국인

03 🎧 MP3_02_10

당신을 알게 되어 매우 기쁩니다.

Rènshi nǐ hěn gāoxìng.

认识你很高兴。

      róngxìng
      ① 荣幸 영광이다

      kāixīn
      ② 开心 즐겁다

      xìngyùn
      ③ 幸运 행운이다

04 🎧 MP3_02_11

나도 당신을 알게 되어 매우 기쁩니다.

Rènshi nǐ wǒ yě hěn gāoxìng.

认识你我也很高兴。

      jiàndào
      ① 见到 만나다

      yùjiàn
      ② 遇见 마주치다

      kànjiàn
      ③ 看见 보다

1 녹음을 듣고 해당하는 박스에 성조를 표시해 보세요. 🎧 MP3_02_12

1 哪 na

2 中国人 Zhongguoren

3 认识 renshi

4 高兴 gaoxing

2 본문에서 배운 내용을 참고하여 빈칸에 알맞은 한어병음과 중국어를 써 보세요.

Nǐ shì nǎ _____ rén?

你是哪 _____ 人?

Wǒ shì _____ . Nǐ ne?

我是 _____ 。你呢?

Wǒ shì _____ . Rènshi nǐ hěn _____ .

我是 _____ 。认识你很 _____ 。

_____ nǐ wǒ yě hěn gāoxìng.

_____ 你我也很高兴。

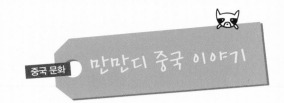
나라 이름

한자는 음과 함께 뜻이 전달되는 문자이기 때문에 외래어를 표기할 때, 많은 고심이 필요해요. 나라 이름도 마찬가지입니다. 加拿大 Jiānádà처럼 음역으로 '캐나다'라는 국가명을 표기하기도 하지만 때로는 埃及 Āijí '이집트'나 巴西 Bāxī '브라질'처럼 실제의 발음과는 큰 차이가 나기도 하죠. 이는 중국어가 가지고 있는 발음의 한계성 때문인데, 우리말로 표현 가능한 발음의 개수가 총 10,000여 개인 반면 중국어는 성조를 제외하면 400여 개뿐이에요. 그렇기 때문에 때로는 실제 발음과 차이가 있는 외래어가 만들어지기도 합니다.

중국어로 나라명이 만들어진 결과를 보면 그러한 고심의 흔적이 보입니다. 예를 들면 '미국'은 美国 Měiguó라고 부르는데, 이는 아메리카의 '메'를 美 měi로 간단하게 표기한 것이고, 독일은 독일의 영문명인 '도이칠란트'의 '도'를 德 dé로 표기하여 德国 Déguó라고 해요. 의도했든 그렇지 않든 간에 미국은 '아름다운 나라'라는 뜻이 되었고, 독일은 '도덕적인 나라'라는 뜻을 가지게 되었습니다.

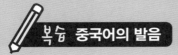

복습 중국어의 발음

중국어의 발음 ①   성모와 운모의 발음을 주의해서 다음 한어병음을 읽어 보세요.

mā	dí	gè	chē
bǎi	fēi	shuǐ	niǎo
qián	liǎng	chuáng	rén
qún	qióng	fàn	xuǎn
fǔdǎo	xiāngjiāo	miànbāo	diànhuà

중국어의 발음 ②   성조변화에 주의해서 다음 한어병음을 읽어 보세요.

huār	gàir	wánr	xiǎoháir
nǐ hǎo	shuǐguǒ	xiǎojiě	shǒubiǎo
yì tiān	yì nián	yí ge	yìqǐ
bù gāo	bù xíng	bù hǎo	bù chī
dōngxi	xuésheng	xǐhuan	mèimei

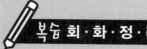

CHAPTER 1

Nǐ hǎo!

○ 你好！

안녕하세요!

Nǐ hǎo ma?

○ 你好吗？

당신은 어떻게 지내세요?

Wǒ hěn hǎo, nǐ ne?

○ 我很好，你呢？

나는 매우 잘 지내요. 당신은요?

Wǒ yě hěn hǎo, xièxie.

○ 我也很好，谢谢。

나도 매우 잘 지내요. 고마워요.

CHAPTER 2

Nǐ shì nǎ guó rén?

○ 你是哪国人？

당신은 어느 나라 사람인가요?

Wǒ shì Hánguórén. Nǐ ne?

○ 我是韩国人。你呢？

나는 한국인입니다. 당신은요?

Wǒ shì Zhōngguórén. Rènshi nǐ hěn gāoxìng.

○ 我是中国人。认识你很高兴。

나는 중국인입니다. 당신을 알게 되어 매우 기쁩니다.

Rènshi nǐ wǒ yě hěn gāoxìng.

○ 认识你我也很高兴。

나도 당신을 알게 되어 매우 기쁩니다.

이름과 나이를 물어봐요.

 학습목표

- 이름 묻고 대답하기
- 나이 묻고 대답하기

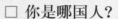 복습 다음을 해석해 보세요. 정답 270p

☐ 你是哪国人?

☐ 我是韩国人。你呢?

☐ 我是中国人。认识你很高兴。

☐ 认识你我也很高兴。

동영상 강의 보기

01

MP3_03_01

리밍

칭원 니 찌아오 선머 밍즈
Qǐngwèn, nǐ jiào shénme míngzi?

请问，你 叫 什么 名字?

실례합니다　　당신 부르다　　무엇　　이름

실례합니다. 당신의 성함은 어떻게 되십니까?

请问 qǐngwèn 실례합니다

请问 qǐngwèn은 단독으로 쓰이는 관용표현으로 '말씀 좀 여쭙겠습니다'라는 뜻이에요. 처음 보는 사람에게 말을 걸 때 실례를 범하지 않기 위해 자주 사용하는 표현으로 '실례합니다', '잠시만요'처럼 자연스럽게 해석해요. 이렇게 请 qǐng은 공손함의 표현으로, 영어의 Excuse Me라고 생각하면 돼요.

叫 jiào 부르다

문장에서 叫 jiào는 술어로 쓰였으며 품사는 동사로 '부르다'라는 뜻이에요. 단어가 의미하는 바 그대로 직역을 하면 '당신의 이름은 뭐라고 부릅니까?'이지만, 우리말로 자연스럽게 해석하여 '성함이 어떻게 되십니까?'로 이해하면 돼요.

🔍 이름을 묻는 다른 표현 : **你的名字是什么?** Nǐ de míngzi shì shénme? 당신의 성함은 무엇입니까?

什么 shénme 무엇

什么 shénme는 의문문을 만들 수 있는 의문대사이며, '무엇'인지, '무슨' 일 인지 등을 물을 때 쓰입니다. '무슨 이름'은 什么名字 shénme míngzi라고 표현해요.

📖 **단어정리**

请问 qǐngwèn
　　图 말씀 좀 여쭙겠습
　　니다. 실례합니다
你 nǐ 때 너, 당신
叫 jiào 图 부르다
什么 shénme 때 무엇
名字 míngzi 명 이름, 성명

名字 míngzi 이름

名字 míngzi는 '이름'을 뜻하는 명사로 '성'과 '이름'을 모두 포함하는 '성명'을 의미합니다. 문장에서는 우리말에 맞게 높임 표현으로 '성함'이라고 해석했어요. 이 밖에도 사물의 명칭을 물어볼 때도 사용할 수 있어요.

02

🎧 MP3_**03_02**

<ruby>워<rt></rt></ruby> <ruby>찌아오<rt></rt></ruby> <ruby>리한쏭<rt></rt></ruby>
Wǒ jiào Lǐ Hánsōng.

한송 **我 叫 李韩松。**

　　나　　부르다　　이한송

나는 이한송이라고 합니다.

○ **我** wǒ 나

'나', '저'라는 뜻의 인칭대사로 1인칭을 가리켜요. 문장에서는 주어로 쓰여 가장 앞에

위치했어요.

○ **叫** jiào 부르다

단어가 의미하는 바 그대로 문장을 직역하면 '저는 이한송이라고 부릅니다'이지만, 우

리말로 자연스럽게 해석하여 '저는 이한송이라고 합니다'로 쓰입니다. 질문에 名字

míngzi가 있어서 '나의 이름은'이라고 대답을 해야 할 것 같지만, 문장에서는 생략하고

간단하게 '이한송이라고 합니다'라고만 대답했어요. 우리말처럼 중국어도 생략할 수 있

는 내용은 말하지 않는다는 사실을 기억하세요!

○ **李韩松** Lǐ Hánsōng 이한송

중국어로 읽으면 '리한쏭'이지만 우리말 이름은 '이한송'입니다. '만만디 중국문화'에서

조금 더 자세히 배워 봐요.

 단어정리

我 wǒ 때 나
叫 jiào 통 부르다
李韩松 Lǐ Hánsōng
　　　고유 이한송

03

리밍

니　찐니엔　뚜어따
Nǐ　jīnnián　duōdà?

你 今年 多大?

당신　올해　(나이가) 얼마인가

🎧
MP3_03_03

당신은 올해 나이가 어떻게 되시죠?

○ **今年** jīnnián 올해

今年 jīnnián은 시간을 나타내는 명사로 '올해'를 의미합니다. 문장에서는 多大 duōdà를 수식하는 역할을 해요. 단어를 풀이하면 今 jīn은 '오늘'을, 年 nián은 '해', '년'을 의미하여 '올해'라는 뜻이 되겠죠!

🔦 **去年** qùnián 작년 – **今年** jīnnián 올해 – **明年** míngnián 내년

○ **多大** duōdà (나이가) 얼마인가

나이를 물어볼 때 쓰이는 표현으로, '얼마나'라는 뜻의 부사 多 duō와 '많다'라는 뜻의 형용사 大 dà가 결합하여 '나이가 얼마나 많은가'라는 의미가 돼요. 우리말로는 자연스럽게 '나이가 어떻게 되시죠?'라고 해석하면 됩니다. 또한, 나이뿐만 아니라 크기나 부피를 물어볼 때도 쓰여요.

예 *房子多大?* Fángzi duōdà? 방 크기가 얼마나 돼요?

📖 **단어정리**

你 nǐ 때 너, 당신
今年 jīnnián 명 올해
多大 duōdà (나이가)
　　　얼마인가

04

한송

🎧 MP3_03_04

워 찐니엔 얼스빠 쑤이
Wǒ jīnnián èrshíbā suì.

我 今年 二十八 岁。

나   올해   28   세

나는 올해 28살이에요.

今年 jīnnián 올해

질문에서 '올해 나이'를 물어봤으므로, 대답할 때에도 今年 jīnnián을 사용했어요. 문장에서는 뒤에 나오는 二十八岁 èrshíbā suì를 수식하는 역할을 하고 있습니다.

二十八 èrshíbā 28

중국어에서 나이를 말할 때에는 우리말처럼 숫자를 단위로 끊어서 읽으면 됩니다. 예를 들어 문장의 28을 한국어로 읽으면 '이십팔'이기 때문에 중국어로 '二十八'라고 읽으면 돼요.

> 🔍 **1~99까지 숫자 표현**: 一 yī(1, 일), 二 èr(2, 이), 三 sān(3, 삼), 四 sì(4, 사), 五 wǔ(5, 오), 六 liù(6, 육), 七 qī(7, 칠), 八 bā(8, 팔), 九 jiǔ(9, 구), 十 shí(10, 십), 그리고 11(십일)은 十一 shíyī, 20(이십)은 二十 èrshí, 21(이십일)은 二十一 èrshíyī 이니까 같은 방식으로 1~99까지 다 표현 할 수 있어요!
>
> **단위 표현**: 十 shí(10, 십), 百 bǎi(100, 백), 千 qiān(1,000, 천), 万 wàn(10,000, 만)

岁 suì 세

岁 suì는 나이를 세는 단위로 문장에서는 '세', '살'이라는 의미로 쓰였어요. 이렇게 무언가를 셀 때 쓰이는 단위를 중국어에서는 '양사'라고 해요. 우리말에서 나이 뒤에 '살' 또는 '세'를 붙이듯이 중국어에서도 나이 뒤에 나이를 세는 양사 岁 suì를 붙인다고 이해하면 됩니다.

이처럼 중국어에서는 사물, 사람을 셀 때는 반드시 '양사'를 붙여서 말해야 해요. 앞으로 나오는 양사를 꼭 외워서 활용해 보세요.

📖 **단어정리**

我 wǒ 때 나
今年 jīnnián 명 올해
二十八 èrshíbā 주 28
岁 suì 양 세, 살

➡ 리밍과 한송이 이름과 나이를 물어보고 있어요.

李明
실례합니다　　당신　부르다　무엇　　이름
请问，你 叫 什么 名字？

병음 써 보기

韩松
나　부르다　이한송
我 叫 李韩松。

李明
당신　올해　(나이가) 얼마인가
你 今年 多大？

韩松
나　올해　　28　세
我 今年 二十八 岁。

리밍　　실례합니다. 당신의 성함은 어떻게 되십니까?

한송　　나는 이한송이라고 합니다.

리밍　　당신은 올해 나이가 어떻게 되시죠?

한송　　나는 올해 28살이에요.

당신은 올해 나이가 어떻게 되시죠?

나는 올해 28살이에요.

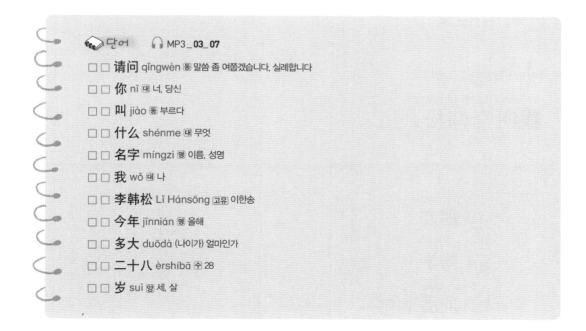

📖 단어 🎧 MP3_03_07

☐ ☐ **请问** qǐngwèn 통 말씀 좀 여쭙겠습니다, 실례합니다

☐ ☐ **你** nǐ 대 너, 당신

☐ ☐ **叫** jiào 통 부르다

☐ ☐ **什么** shénme 대 무엇

☐ ☐ **名字** míngzi 명 이름, 성명

☐ ☐ **我** wǒ 대 나

☐ ☐ **李韩松** Lǐ Hánsōng 고유 이한송

☐ ☐ **今年** jīnnián 명 올해

☐ ☐ **多大** duōdà (나이가) 얼마인가

☐ ☐ **二十八** èrshíbā 수 28

☐ ☐ **岁** suì 양 세, 살

01 🎧 MP3_03_08

당신의 성함은 어떻게 되십니까?

Nǐ jiào shénme míngzi?

你叫什么名字?

nǐ   jiějie
① **你姐姐** 당신 언니(누나)

nǐ   gēge
② **你哥哥** 당신 오빠(형)

zhè   dōngxi
③ **这东西** 이 물건

02 🎧 MP3_03_09

나는 이한송이라고 합니다.

Wǒ jiào Lǐ Hánsōng.

我叫李韩松。

péngyou
① **朋友** 친구

tóngxué
② **同学** 학우

tóngwū
③ **同屋** 룸메이트

03 🎧 MP3_03_10

당신은 올해 나이가 어떻게 되시죠?

Nǐ jīnnián duōdà?

你今年多大?

qùnián
① **去年** 작년

míngnián
② **明年** 내년

hòunián
③ **后年** 내후년

04 🎧 MP3_03_11

나는 올해 28살이에요.

Wǒ jīnnián èrshíbā suì.

我今年二十八岁。

shísān
① **十三** 13

èrshí'èr
② **二十二** 22

sānshíqī
③ **三十七** 37

1 녹음을 듣고 해당하는 박스에 성조를 표시해 보세요. 🎧 MP3_03_12

1 请问 qingwen

2 叫 jiao

3 什么 shenme

4 今年 jinnian

2 본문에서 배운 내용을 참고하여 빈칸에 알맞은 한어병음과 중국어를 써 보세요.

Qǐngwèn, nǐ jiào shénme ⬚ ?

请问，你叫什么 ⬚ ?

Wǒ ⬚ Lǐ Hánsōng.

我 ⬚ 李韩松。

Nǐ jīnnián ⬚ ?

你今年 ⬚ ?

Wǒ jīnnián èrshíbā ⬚ .

我今年二十八 ⬚ 。

중국어 이름 알려 주기

상대가 贵姓 guì xìng '성함이 무엇입니까'라고 물어봤을지라도 내가 我贵姓 wǒ guì xìng… '제 성함은~입니다'라고 대답할 수는 없어요. 이는 자신을 높이는 행위가 되기 때문입니다. 그러니까 我姓 wǒ xìng… '내 성은~입니다' 또는 我叫 wǒ jiào… '나는 ~라고 불려요'라고 말해야 해요. 그런데 중국어는 발음이 같은 한자가 많기 때문에 상대방이 내 이름을 쉽게 기억하지 못할 수 있어요. 이때는 기억하기 쉽게 누구나 잘 알고 있는 단어로 이름을 말해 주는 것도 하나의 센스라는 것!

예를 들어 이름이 姜奇门 Jiāng Qímén '강기문'이면 我叫姜奇门 wǒ jiào Jiāng Qímén '저는 강기문이라고 합니다', 姜太公的姜 Jiāng Tàigōng de Jiāng '강태공의 강', 奇怪的奇 qíguài de qí '기이하다의 기', 大门的门 dàmén de mén '대문의 문' 이런 식으로 말이죠. 이렇게 나의 이름을 재미있게 풀어서 알려 주면 상대방이 쉽게 기억한답니다!

생일 날짜를 물어봐요.

 학습목표

- 생일 묻고 날짜로 대답하기
- 띠 묻고 대답하기

 복습 다음을 해석해 보세요. 정답 270p

☐ 请问，你叫什么名字?

☐ 我叫李韩松。

☐ 你今年多大?

☐ 我今年二十八岁。

동영상 강의 보기

01

MP3_04_01

리밍

니 더 셩르 스 지 위에 지 하오
Nǐ de shēngrì shì jǐ yuè jǐ hào?

你 的 生日 是 几 月 几 号?

당신 ~의 생일 ~이다 몇 월 몇 일

당신의 생일은 몇 월 며칠인가요?

的 de ~의

'~의'라는 뜻으로 해석되는 조사로 的 de 뒤에 있는 단어를 수식하는 역할을 해요. 그렇기 때문에 的 de 앞과 뒤에는 명사 혹은 인칭대사가 나온답니다. 즉, 你的 nǐ de라고 하면 '너의' 혹은 '당신의'라고 해석할 수 있겠죠?

生日 shēngrì 생일

生 shēng '태어나다', 日 rì '일'이라는 뜻으로 生日 shēngrì는 '생일'이라는 뜻의 명사예요. 이렇게 중국어는 단어의 뜻을 몰라도 한자로 의미를 추측할 수 있는 글자가 많답니다. 문장에서 生日 shēngrì는 你的 nǐ de의 수식을 받으면서 주어 역할을 합니다.

생일 축하해요 : 祝你生日快乐! Zhù nǐ shēngrì kuàilè!

是 shì ~이다

동사로 영어의 is와 같은 뜻이에요. 즉, 是 shì가 보이면 그 앞은 주어가 돼요. 2과에서 배웠던 是 shì와 같은 역할을 하면서, 앞과 뒤의 내용을 연계시키고 있습니다.

几 jǐ 몇

几 jǐ는 주로 10 이하의 확실치 않은 수를 물을 때 사용되는 의문대사예요. 문장에서 날짜를 묻고 있으며, 날짜는 숫자로 표현하기 때문에 의문대사 几 jǐ가 쓰였습니다. 위치는 '몇'이라는 의미가 필요한 月 yuè와 号 hào 앞에 쓰였어요.

단어정리

你 nǐ 대 너, 당신
的 de 조 ~의
生日 shēngrì 명 생일
是 shì 동 ~이다
几 jǐ 수 몇
月 yuè 명 월
号 hào 명 일

02

한송

MP3_04_02

워 더 셩르 스 빠 위에 얼스치 하오
Wǒ de shēngrì shì bā yuè èrshíqī hào.

我 的 生日 是 八 月 二十七 号。

| 나 | ~의 | 생일 | ~이다 | 8 | 월 | 27 | 일 |

나의 생일은 8월 27일이에요.

的 de ~의

종속관계를 나타내는 的 de가 我 wǒ라는 인칭대사 뒤에 나왔어요. '나의~', '저의~'라고 해석이 되며, 같은 방식으로 '그의' 他的 tā de '엄마의' 妈妈的 māma de 등으로 응용할 수 있습니다. 문장에서는 我的 wǒ de가 주어 生日 shēngrì를 수식하여 '나의 생일'이라고 말하고 있어요.

月 yuè 월 / 号 hào 일

'달', '월'을 나타내는 月 yuè, '일'을 나타내는 号 hào를 써서 날짜를 표현해요. 질문에서 의문대사 几 jǐ를 사용해서 '몇 월 며칠'인지 물어봤으므로 几 jǐ 자리에 말하려는 숫자를 넣어 대답했어요. '일'을 나타내는 단어에는 우리가 흔히 알고 있는 日 rì자도 있지만, 중국에서는 서류상이나 공식적인 자리에서만 日 rì를 쓰고 일반적인 회화에서는 号 hào를 쓴다는 것도 함께 알아 두세요!

📚 **단어정리**

我 wǒ 때 나
的 de 조 ~의
生日 shēngrì 명 생일
是 shì 통 ~이다
八 bā 수 8
月 yuè 명 월
二十七 èrshíqī 수 27
号 hào 명 일

03

MP3_04_03

리밍

니 슈 션머
Nǐ shǔ shénme?

你 属 什么?

당신 ～띠이다 무슨

당신은 무슨 띠예요?

○ **属** shǔ ~띠이다

동사 属 shǔ는 '～띠이다'라는 뜻으로 '십이간지' 즉, 출생 띠를 물어볼 때 사용해요. 문장에서는 동사 역할을 하기 때문에 주어 뒤에 쓰였어요.

○ **什么** shénme 무슨

'무엇', '무슨'이라는 뜻의 의문대사입니다. 알고 싶은 것이 있으면 그 자리에 명사 대신 什么 shénme를 사용해서 질문할 수 있어요. 什么 shénme는 그 자체로 의문의 성질을 가진 의문대사이기 때문에 뒤에 吗 ma를 붙이지 않습니다.

 단어정리

你 nǐ 때 너, 당신
属 shǔ 통 ～띠이다
什么 shénme 때 무엇

04

한송

MP3_04_04

워 슈 롱
Wǒ shǔ lóng.
我 属 龙。
나 ~띠이다 용

나는 용띠예요.

○ **属** shǔ ~띠이다

앞에서와 마찬가지로 계속 출생 띠에 대해 이야기를 하고 있으므로, 동사는 是 shì가
아닌 属 shǔ를 사용해서 말하고 있어요.

○ **龙** lóng 용

'용'이라는 명사를 사용해서 '용띠'라고 대답했어요. '무엇'이라는 의문대사 什么 shénme
자리에 동물 이름을 넣어서 무슨 띠인지 대답할 수 있답니다.

십이간지에 해당하는 동물을 중국어로 알아봐요!

鼠	牛	虎	兔	龙	蛇
shǔ	niú	hǔ	tù	lóng	shé
쥐	소	호랑이	토끼	용	뱀

马	羊	猴	鸡	狗	猪
mǎ	yáng	hóu	jī	gǒu	zhū
말	양	원숭이	닭	개	돼지

 단어정리

我 wǒ 데 나
属 shǔ 동 ~띠이다
龙 lóng 명 용

➡️ 리밍과 한송이 생일과 띠에 대해 묻고 대답하고 있어요.

李明

당신 ~의 생일 ~이다 몇 월 몇 일

你 的 生日 是 几 月 几 号?

병음 써 보기

韩松

나 ~의 생일 ~이다 8 월 27 일

我 的 生日 是 八 月 二十七 号。

李明

당신 ~띠이다 무슨

你 属 什么?

韩松

나 ~띠이다 용

我 属 龙。

리밍　　당신의 생일은 몇 월 며칠인가요?

한송　　나의 생일은 8월 27일이에요.

리밍　　당신은 무슨 띠예요?

한송　　나는 용띠예요.

🃏단어 🎧 MP3_04_07

☐☐ 你 nǐ 때 너, 당신

☐☐ 的 de 조 ~의

☐☐ 生日 shēngrì 몡 생일

☐☐ 是 shì 동 ~이다

☐☐ 几 jǐ 쉬 몇

☐☐ 月 yuè 몡 월

☐☐ 号 hào 몡 일

☐☐ 我 wǒ 때 나

☐☐ 八 bā 쉬 8

☐☐ 二十七 èrshíqī 쉬 27

☐☐ 属 shǔ 동 ~띠이다

☐☐ 什么 shénme 때 무엇

☐☐ 龙 lóng 몡 용

01 🎧 MP3_04_08

당신의 생일은 몇 월 며칠인가요?

Nǐ de shēngrì shì jǐ yuè jǐ hào?

你的生日是几月几号?

kǎoshì
① **考试** 시험

shǔjià
② **暑假** 여름방학

hánjià
③ **寒假** 겨울방학

02 🎧 MP3_04_09

나의 생일은 8월 27일이에요.

Wǒ de shēngrì shì bā yuè èrshíqī hào.

我的生日是八月二十七号。

Shèngdàn Jié
① **圣诞节** 크리스마스

Chūn Jié
② **春节** 설날

Guóqìng Jié
③ **国庆节** 국경절

shí'èr yuè èrshíwǔ hào
① **十二月二十五号** 12월 25일

èr yuè bā hào
② **二月八号** 2월 8일

shí yuè yī hào
③ **十月一号** 10월 1일

🎧 MP3 _ **04** _ 10

당신은 무슨 띠예요?

Nǐ shǔ shénme?

你属什么?

yéye
① 爷爷 할아버지

nǎinai
② 奶奶 할머니

jiùjiu
③ 舅舅 외삼촌

04

🎧 MP3 _ **04** _ 11

나는 용띠예요.

Wǒ shǔ lóng.

我属龙。

mǎ
① 马 말

yáng
② 羊 양

shé
③ 蛇 뱀

1 녹음을 듣고 해당하는 박스에 성조를 표시해 보세요. 🎧 MP3_04_12

1 生日 shengri

2 月 yue

3 号 hao

4 属 shu

2 본문에서 배운 내용을 참고하여 빈칸에 알맞은 한어병음과 중국어를 써 보세요.

Nǐ ____ shēngrì shì ____ yuè ____ hào?

你 ____ 生日是 ____ 月 ____ 号?

Wǒ de shēngrì shì bā yuè ____ hào.

我的生日是八月 ____ 号。

Nǐ ____ shénme?

你 ____ 什么?

Wǒ shǔ ____ .

我属 ____ 。

나이 물어보기

중국도 우리나라처럼 십이간지에 따라 띠가 정해져요. 중국은 우리나라와 나이 계산법이 다르니 각자 자신의 띠를 중국어로 어떻게 말하는지 기억해 두는 건 어떨까요? 또는 여성의 나이를 물어보기 어렵거나 자신의 나이를 직접적으로 밝히기 꺼려질 때는 你属什么? Nǐ shǔ shénme? '당신은 무슨 띠예요?'나 我属… wǒ shǔ… '나는 ~띠예요.'라고 하면 좀 더 센스 있게 보일 수 있겠죠?

이 밖에도 나이를 물어볼 때 직접적으로 '몇 년도 생이십니까?'라고 물어보려면 你是哪年生的? Nǐ shì nǎ nián shēng de?라고 표현하면 돼요. 중국에서도 여성에게 직접적으로 나이를 물어보는 것은 큰 실례이니 주의하세요!

CHAPTER

05 가족 수를 물어봐요.

 학습목표

- 가족 수 묻고 대답하기
- 가족 구성원 말하는 표현 익히기

 복습 **다음을 해석해 보세요.** 정답 270p

□ 你的生日是几月几号?

□ 我的生日是八月二十七号。

□ 你属什么?

□ 我属龙。

동영상 강의 보기

01

MP3_05_01

니 찌아 요우 지 코우 런
Nǐ jiā yǒu jǐ kǒu rén?

리밍 **你 家 有 几 口 人?**

당신 가정 있다 몇 명 사람

당신의 가족은 몇 명인가요?

家 jiā 가정

家 jiā는 '집'이라는 뜻의 명사이지만, 문장에서는 '가정', '집안'이라는 의미로 쓰였어요.
家 jiā는 你 nǐ의 수식을 받아 주어로 쓰였고, 이때 家 jiā 앞에 종속관계를 나타내는 조
사 的 de가 생략되었기 때문에 해석은 '당신의 가족'이라고 해야 해요.

🔍 문장처럼 的 de 뒤에 가족이나 친척을 나타내는 명사가 오면 생략해서 말할 수 있어요.

有 yǒu 있다

문장 전체의 술어로 쓰였네요. 有 yǒu 뒤에는 '사람'이나 '사물'이 모두 올 수 있으며, '존
재'와 '소유'의 표현을 할 수 있어요. '없다'는 没有 méiyǒu라는 것도 참고하세요.

几 jǐ 몇

几 jǐ는 10 이하의 불특정한 수를 물어볼 때 사용한다고 지난 과에서 배웠습니다. 가족 구성원
도 일반적으로는 10명이 안 되는 경우가 많기 때문에 역시 几 jǐ를 사용해서 물어볼 수 있어요.

口 kǒu 명

사람을 세는 단위로 사용되는 양사예요. 그 중에서도 특히 가족의 인원을 셀 때 쓰입니
다. 입(口)으로 한 솥 밥을 먹는 사람들을 가족이라고 생각하면 기억하기 쉽겠죠?

📖 **단어정리**

你 nǐ 때 너, 당신
家 jiā 몡 집, 가정
有 yǒu 동 있다
几 jǐ 주 몇
口 kǒu 양 식구를 세는 단위
人 rén 몡 사람

人 rén 사람

'사람'이라는 명사로 문장에서는 목적어 역할을 합니다.

02

한송

🎧 MP3_05_02

쓰 코우 런
Sì kǒu rén.

四口人。
네 명 사람

네 명입니다.

○ **四** sì 4

숫자 '4'로 대답할 때는 질문의 几 jǐ 자리에 넣어 대답하면 돼요. 앞에서 배운 숫자를
활용해서 가족 수를 말하는 연습을 해 보세요!

○ **口** kǒu 명

가족을 셀 때 사용하는 양사예요. 문장 내에서 口 kǒu가 '입'이라는 명사로 쓰였는지,
가족을 세는 양사로 쓰였는지 헷갈릴 때는, 바로 앞에 숫자 혹은 의문대사 几 jǐ, 그리
고 뒤에 사람이라는 명사가 왔는지 확인해 보면 쉽게 구분할 수 있답니다.

○ **人** rén 사람

'사람'이라는 명사예요. 얼핏보면 四口人 sì kǒu rén이 주어인 것 같지만 질문에서도 알
수 있듯이, 대답을 할 때 我家有 wǒ jiā yǒu '주어 + 술어'를 생략하고 말한 것으로 四口
人 sì kǒu rén은 목적어로만 간단하게 대답한 거예요.

🔍 '수사 + 양사 + 명사'의 순서를 알고 있으면 문장을 만드는데 도움이 된답니다. '사람 + 네 + 명'이라는 우리말의 순서와
다르게 '네 + 명 + 사람'이라고 하는 것을 기억해 두세요.

📖 **단어정리**

四 sì 수 4
口 kǒu 양 식구를 세는 단위
人 rén 명 사람

03

MP3_**05**_**03**

또우 요우 션머 런
Dōu yǒu shénme rén?

리밍 **都 有 什么 人?**
모두 있다 　무슨 　사람

가족이 모두 어떻게 되나요?

○ **都** dōu 모두

부사로 술어 앞에 쓰여요. 앞에 내용이 다수인 것을 이야기할 때 '모두', '전부'라는 의미로 쓰입니다. 문법콕콕 02 문장과 마찬가지로 주어인 你家 nǐ jiā는 생략한 것이니 주어가 없다고 생각하지 마세요!

○ **有** yǒu 있다

'있다'라는 의미로 문장의 술어 역할을 해요. 뒤에 사람과 사물 다 올 수 있지만, 문맥상 사람이 왔으므로 '존재'를 나타낸다는 것을 알 수 있어요.

○ **什么** shénme 무슨

의문대사 什么 shénme가 단독으로 쓰이면 단순히 무엇이냐는 질문의 의미이지만, 什么 shénme 뒤에 명사를 붙여서, 그 명사에 대해 구체적으로 물어볼 수 있어요.

○ **人** rén 사람

什么 shénme 뒤에 쓰여 어떤 사람인지를 물어보는 의미를 나타내며 목적어 역할을 하고 있어요. 문맥상 가족에 대해 이야기를 하고 있으므로 자연스럽게 '가족'이라고 해석하면 됩니다.

 단어정리

都 dōu 囝 모두, 전부
有 yǒu 图 있다
什么 shénme 団 무엇
人 rén 閉 사람

04

한송

🎧 MP3_05_04

빠바	마마	이 거	띠디	허	워
Bàba、	māma、	yí ge	dìdi	hé	wǒ.

爸爸、妈妈、一个弟弟和我。

아버지　　어머니　　하나 명　　남동생　　~과　　나

아버지, 어머니, 남동생 한 명과 내가 있어요.

爸爸 bàba 아버지 / **妈妈** māma 어머니 / **弟弟** dìdi 남동생

실제 회화에서 간단하게 부를 때는 아버지를 爸 bà라고 하기도 하고, 엄마를 妈 mā자를 한 번만 써서 我妈 wǒ mā(나의 어머니)라고 쓰기도 해요. '남동생'을 직접 부를 때에는 문장에서처럼 弟弟 dìdi라고 부르지 않고 우리말에서처럼 이름을 불러요.

和 hé ~과

접속사로서 '~과'로 해석해요. 같은 성질을 가진 명사를 연결하는 역할을 하는데, 이때 병렬되는 것이 두 개일 때는 둘 사이에, 세 개 이상이면 마지막 단어 바로 앞에 위치하는데, 이때 앞서에 나열된 단어들은 위 문장에서처럼 문장부호 ' 、' 로 나열합니다.

个 ge 명

사람을 세는 양사로 '명'이라고 해석할 수 있습니다. 가족 구성원의 수를 이야기할 때는 口 kǒu를 사용하지만, 어머니, 아버지, 남동생과 같이 구성원 개인을 이야기할 때는 个 ge를 사용해요.

💡 gè는 본래 4성 gè로 쓰이지만, 문장에서처럼 양사와 결합하면 경성 ge로 읽어요. 본문에서는 모두 경성으로 표기했어요. 또한, ge는 중국어에서 가장 많이 쓰이는 양사로, 사물을 세는 '개'로 많이 쓴답니다. 하지만 사람을 셀 때도 쓰이니 오해하지 마세요!

📖 **단어정리**

爸爸 bàba 몡 아버지
妈妈 māma 몡 어머니
一 yī 쉬 1
个 ge 양 명, 개
弟弟 dìdi 몡 남동생
和 hé 졉 ~와(과)
我 wǒ 몡 나

Tip

숫자 一 yī는 뒤에 경성이 오면 성조가 2성으로 바뀌어요.

➡ 리밍과 한송이 가족에 관한 이야기를 하고 있어요.

李明
당신 가정 있다 몇 명 사람
你 家 有 几 口 人?

병음 써 보기

韩松
네 명 사람
四 口 人。

李明
모두 있다 무슨 사람
都 有 什么 人?

韩松
아버지 어머니 하나 명 남동생 ~과 나
爸爸、妈妈、一 个 弟弟 和 我。

리밍	당신의 가족은 몇 명인가요?
한송	네 명입니다.
리밍	가족이 모두 어떻게 되나요?
한송	아버지, 어머니, 남동생 한 명과 내가 있어요.

당신의 가족은
몇 명인가요?

📖단어　🎧 MP3_05_07

☐ ☐ 你 nǐ 때 너, 당신

☐ ☐ 家 jiā 몡 집, 가정

☐ ☐ 有 yǒu 통 있다

☐ ☐ 几 jǐ 쉬 몇

☐ ☐ 口 kǒu 양 식구를 세는 단위

☐ ☐ 人 rén 몡 사람

☐ ☐ 四 sì 쉬 4

☐ ☐ 都 dōu 뮈 모두, 전부

☐ ☐ 什么 shénme 때 무엇

☐ ☐ 爸爸 bàba 몡 아버지

☐ ☐ 妈妈 māma 몡 어머니

☐ ☐ 一 yī 쉬 1

☐ ☐ 个 ge 양 몡, 개

☐ ☐ 弟弟 dìdi 몡 남동생

☐ ☐ 和 hé 쩝 ~와(과)

☐ ☐ 我 wǒ 몡 나

01 🎧 MP3_05_08

당신의 가족은 몇 명인가요?

Nǐ jiā yǒu jǐ kǒu rén?

你家有几口人?

zhī
① 只 마리 ●┈┈┈┄┄┄● ① 狗 강아지 gǒu

běn
② 本 권

shū
② 书 책

liàng
③ 辆 대

zìxíngchē
③ 自行车 자전거

02 🎧 MP3_05_09

네 명입니다.

Sì kǒu rén.

四口人。

sān
① 三 3, 셋

wǔ
② 五 5, 다섯

liù
③ 六 6, 여섯

03 🎧 MP3_05_10

가족이 모두 어떻게 되나요?

Dōu yǒu shénme rén?

都有什么人?

yánsè
① 颜色 색깔

dàxiǎo
② 大小 크기

wèidao
③ 味道 맛

04 🎧 MP3_05_11

아버지, 어머니, 남동생 한 명과 내가 있어요.

Bàba、 māma、 yí ge dìdi hé wǒ.

爸爸、妈妈、一个弟弟和我。

mèimei
① 妹妹 여동생

jiějie
② 姐姐 언니(누나)

gēge
③ 哥哥 형(오빠)

1 녹음을 듣고 해당하는 박스에 성조를 표시해 보세요. 🎧 MP3_05_12

1 家 jia

2 有 you

3 都 dou

4 爸爸 baba

2 본문에서 배운 내용을 참고하여 빈칸에 알맞은 한어병음과 중국어를 써 보세요.

Nǐ jiā yǒu jǐ [   ] rén?

你家有几 [   ] 人?

[   ] kǒu rén.

[   ] 口人。

Dōu yǒu [   ] rén?

都有 [   ] 人?

Bàba、[   ] 、yí ge [   ] hé wǒ.

爸爸、[   ] 、一个 [   ] 和我。

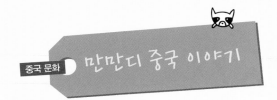

환갑에 대해

61살을 다른 말로 어떻게 말하는지 들어보셨나요? 예순한 살의 생일을 맞는 사람에게는 육십갑자가 다시 돌아온다는 말로 '환갑(還甲)'이나 '華甲(화갑)'이라고 했습니다. 다 같은 말이죠. 여기에서 화갑은 여섯 개의 十자와 한 개의 一자로 이루어진 '화(華)'자에서 유래했습니다. 그래서 화갑의 '화(華)'는 61살을 의미해요. 또한 '화(華)'자 자체가 '빛나다'라는 뜻이 있으니 '화갑'이라는 말은 재미있으면서도 좋은 의미를 지닌 뜻으로 사용되고 있습니다.

정말 華자에 61이라는 숫자가 있을까요? 여러분들도 한번 세어 보시기 바랍니다.

사는 곳과 직업을 물어봐요.

📖 학습목표

- 사는 곳 묻고 대답하기
- 직업 물어보기

☑️ 복습 다음을 해석해 보세요. 정답 270p

☐ 你家有几口人?

☐ 四口人。

☐ 都有什么人?

☐ 爸爸、妈妈、一个弟弟和我。

동영상 강의 보기

01

리밍

ㄴㅣˇ ㅉㅜˋ ㅉㅏ이ˋ ㄴㅏㄹˇ
Nǐ zhù zài nǎr?

你 住 在 哪儿?

당신 살다 ~에 어디

MP3_06_01

당신은 어디에 사나요?

住 zhù 살다

'살다', '거주하다'는 의미의 동사로 문장의 술어로 쓰였으며 住 zhù 뒤에는 장소가 나와
요. 문장에서는 장소를 나타낼 때 쓰이는 개사 在 zài와 의문대사 哪儿 nǎr이 왔네요.

在 zài ~에

'~에(서)'라는 의미의 개사로 장소를 나타내는 명사, 즉 목적어 앞에 놓여요. 문장에
서는 어디에 사는지를 질문하고 있기 때문에 명사 대신 의문대사 哪儿 nǎr이 왔어요.

哪儿 nǎr 어디

'어느'라는 의미의 哪 nǎ에 儿 ér을 붙이면 '어디'라는 장소를 나타내는 의문대사가 돼
요. 단어 그 자체로 '어디'라는 의문의 뜻이 있기 때문에 문장 뒤에 의문의 어기를 나타
내는 吗 ma를 붙이지 않아요.

📖 **단어정리**

你 nǐ 때 너, 당신
住 zhù 통 살다
在 zài 개 ~에(서)
哪儿 nǎr 때 어디

02

한송

MP3_06_02

워 쭈 짜이 베이징
Wǒ zhù zài Běijīng.
我 住 在 北京。
나 살다 ~에 베이징

나는 베이징에 살아요.

○ **在** zài ~에

질문에서 어디에 사는지 물어봤으므로, 대답 또한 장소를 말해야 해요. 그래서 질문에서 쓰인 개사 在 zài가 쓰였고, 뒤에는 장소를 나타내는 목적어가 왔습니다.

○ **北京** Běijīng 베이징

중국의 수도로 중국의 역사와 문화가 잘 보존되어 있는 도시입니다. 자금성 紫禁城 Zǐjìnchéng과 천안문 天安门 Tiān'ānmén 등의 명소가 많아 관광객이 많이 찾는 곳입니다.

你住在哪儿?
당신은 어디에 사나요?

我住在北京。
나는 베이징에 살아요.

📚 **단어정리**

我 wǒ 団 나
住 zhù 통 살다
在 zài 게 ~에(서)
北京 Běijīng 지명 베이징

03

리밍

니 빠바 쭈어 션머 꽁쭈어
Nǐ bàba zuò shénme gōngzuò?

你 爸爸 做 什么 工作?

당신 아버지 하다 무슨 일

당신의 아버지는 무슨 일을 하시나요?

🎧 MP3_06_03

○ 你爸爸 nǐ bàba 당신의 아버지

문장의 주어로 문맥상 자연스럽게 '당신의 아버지'라고 해석했어요. 원래 문장은 你的 爸爸 nǐ de bàba인데 가족관계에서는 '~의'라는 의미인 조사 的 de를 쓰지 않기 때문에 你爸爸 nǐ bàba로 말하였고 해석은 '~의'를 넣어 '당신의 아버지'라고 자연스럽게 하였 습니다.

○ 做 zuò 하다

'하다', '종사하다'라는 뜻의 동사입니다. 물건을 만드는 것처럼, 어떠한 구체적인 행동 을 하고 있을 때나, 문장에서처럼 무슨 직업에 종사하는지를 물어볼 때 모두 쓸 수 있 는 단어이니 반드시 외우세요!

○ 什么 shénme 무슨

앞에서 여러 번 나왔던 '무슨', '무엇'이라는 의문대사예요. 문맥상 '무슨 일'이라는 의미 에 맞게 工作 gōngzuò 앞에 쓰였습니다.

○ 工作 gōngzuò 일

'일', '직업'이라는 뜻의 명사로 문장의 목적어 역할을 해요.

🔍 工作 gōngzuò는 명사 외에도 동사 '일하다'로 자주 사용한답니다. 예를 들어 동사 형태로 你工作吗? Nǐ gōngzuò ma? '당신은 일을 하시나요?'라고 물어볼 수도 있겠죠?

📖 **단어정리**

你 nǐ 대 너, 당신
爸爸 bàba 명 아버지
做 zuò 동 하다
什么 shénme 대 무엇
工作 gōngzuò 명 일

04

MP3_06_04

한송

타 ㅅ 꽁쓰 즈위엔
Tā shì gōngsī zhíyuán.

他 是 公司 职员。
그 ~이다 회사 직원

그는 회사원이에요.

○ 他 tā 그

'그'라는 뜻의 명사로 문장에서 주어입니다. 대답할 때는 질문에 쓰인 我爸爸 wǒ bàba 대신 남자를 칭하는 인칭대사 '그' 他 tā를 사용했어요. 우리는 어머니, 아버지를 '그녀'나 '그'라고 하지 않지만 중국어는 영어처럼 他 tā라고 말할 수 있어요.

🔍 여자를 지칭하는 인칭대사는 她 tā로 발음이 같지만 한자가 달라요. 그러나 성별이 불분명할 때나, 굳이 성별을 구분할 필요가 없을 때는 他 tā를 사용해요.

○ 是 shì ~이다

是 shì가 문장 전체의 술어가 되겠네요. 주어 뒤에 쓰여 '그는 회사원이다'라는 'A는 B 이다'의 문장 구조를 나타내고 있어요.

○ 公司 gōngsī 회사

'회사', '직장'이라는 의미를 가진 명사입니다. 한자를 그대로 해석하면 우리말에서 말하는 '공사(公社)'와 같은 의미라고 생각할 수 있겠죠? 하지만 의미와 한자 모두 다르니 꼭 '회사'나 '직장'으로 해석하세요.

○ 职员 zhíyuán 직원

'직원', '사무원'을 뜻하는 명사예요. 여기에서는 公司 gōngsī와 함께 쓰여 公司职员 gōngsī zhíyuán '회사원'이 목적어 역할을 합니다.

📚 단어정리

他 tā 대 그
是 shì 동 ~이다
公司 gōngsī 명 회사
职员 zhíyuán 명 직원

➡️ 리밍과 한송이 사는 곳에 관한 이야기를 하고 있어요.

李明

당신	살다	~에	어디
你	住	在	哪儿?

韩松

나	살다	~에	베이징
我	住	在	北京。

李明

당신	아버지	하다	무슨	일
你	爸爸	做	什么	工作?

韩松

그	~이다	회사	직원
他	是	公司	职员。

리밍   당신은 어디에 사나요?

한송   나는 베이징에 살아요.

리밍   당신의 아버지는 무슨 일을 하시나요?

한송   그는 회사원이에요.

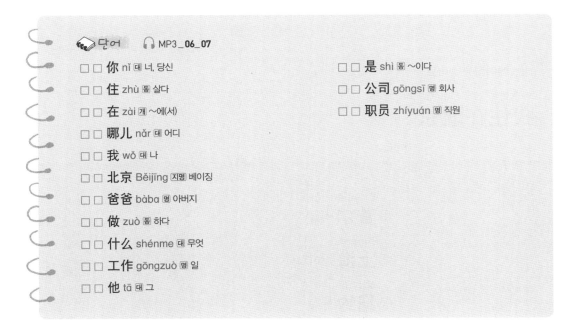

📖 단어 🎧 MP3_06_07

□□ 你 nǐ 때 너, 당신

□□ 住 zhù 통 살다

□□ 在 zài 개 ~에(서)

□□ 哪儿 nǎr 때 어디

□□ 我 wǒ 때 나

□□ 北京 Běijīng 지명 베이징

□□ 爸爸 bàba 명 아버지

□□ 做 zuò 통 하다

□□ 什么 shénme 때 무엇

□□ 工作 gōngzuò 명 일

□□ 他 tā 때 그

□□ 是 shì 통 ~이다

□□ 公司 gōngsī 명 회사

□□ 职员 zhíyuán 명 직원

01 🎧 MP3_06_08

당신은 어디에 사나요?

Nǐ zhù zài nǎr?

你住在哪儿?

tóngshì
① **同事** 동료

lǎobǎn
② **老板** 사장님

nǐ fùmǔ
③ **你父母** 당신의 부모님

02 🎧 MP3_06_09

나는 베이징에 살아요.

Wǒ zhù zài Běijīng.

我住在北京。

Shǒu'ěr
① **首尔** 서울

Shànghǎi
② **上海** 상하이

Niǔyuē
③ **纽约** 뉴욕

03 🎧 MP3_06_10

당신의 아버지는 무슨 일을 하시나요?

Nǐ bàba zuò shénme gōngzuò?

你爸爸做什么工作?

nǐ māma
① **你妈妈** 당신의 어머니

nǐ mèimei
② **你妹妹** 당신의 여동생

nǐ de péngyou
③ **你的朋友** 당신의 친구

Tip

朋友 péngyou는 가족관계가 아니기 때문에
的 de가 생략되지 않았어요.

04 🎧 MP3_06_11

그는 회사원이에요.

Tā shì gōngsī zhíyuán.

他是公司职员。

yīshēng
① **医生** 의사

lǜshī
② **律师** 변호사

gēshǒu
③ **歌手** 가수

1 녹음을 듣고 해당하는 박스에 성조를 표시해 보세요. 🎧 MP3_06_12

1   住 zhu

2   北京 Beijing

3   他 ta

4   公司 gongsi

2 본문에서 배운 내용을 참고하여 빈칸에 알맞은 한어병음과 중국어를 써 보세요.

Nǐ zhù ⬜⬜⬜ nǎr?

你住 ⬜⬜ 哪儿?

Wǒ zhù zài ⬜⬜⬜ .

我住在 ⬜⬜⬜ 。

Nǐ bàba ⬜⬜ shénme gōngzuò?

你爸爸 ⬜⬜ 什么工作?

Tā shì gōngsī ⬜⬜⬜ .

他是公司 ⬜⬜⬜ 。

얼화음

在哪儿 zài nǎr의 儿 ér과 같이 혀를 말아 발음을 하는 것을 '얼화음'이라고 해요. 현대중국어에서는 이러한 얼화음을 최소화하고 있지만 실제 생활에서는 많이 사용되는 편이지요. 그중에서도 북방 지역에서 얼화음을 많이 쓰는데, 특히 베이징과 동북 지역의 얼화음은 적응하지 못한다면 알아듣기 어려울 정도입니다. 베이징이 수도이기 때문에 베이징어가 표준어를 의미하는 보통화 普通话 pǔtōnghuà라고 생각하실 수도 있지만, 베이징도 엄연히 북방 방언을 쓰는 지역이에요. 예를 들어 일반적인 학교 교육에서는 '얼음'을 '삥콰이' 冰块 bīngkuài라 하고 '대문'은 '따먼' 大门 dàmén으로 발음을 하지만 베이징에서는 '삥콸' 冰块儿 bīngkuàir, '따멀' 大门儿 dàménr이라고 발음을 하니까요. 문장 전체를 혀를 말아발음을 하는 경우도 있어서 알아듣기 어려울 때가 많습니다.

그렇다면 발음이 가장 좋은 지역은 어디일까요? 뜻밖에도 하얼빈 지역입니다. 중국 CCTV나 라디오방송 아나운서 중에 하얼빈 출신들이 많은 이유도 바로 이지역의 보통화 수준이 매우 높다는 증거입니다.

CHAPTER 3

Qǐngwèn,　nǐ jiào shénme míngzi?

○ 请问，你叫什么名字？
실례합니다.　당신의 성함은 어떻게 되십니까?

Wǒ jiào Lǐ Hánsōng.

○ 我叫李韩松。
나는 이한송이라고 합니다.

Nǐ jīnnián duōdà?

○ 你今年多大？
당신은 올해 나이가 어떻게 되시죠?

Wǒ jīnnián èrshíbā suì.

○ 我今年二十八岁。
나는 올해 28살이에요.

CHAPTER 4

Nǐ de shēngrì shì jǐ yuè jǐ hào?

○ 你的生日是几月几号？
당신의 생일은 몇 월 며칠인가요?

Wǒ de shēngrì shì bā yuè èrshíqī hào.

○ 我的生日是八月二十七号。
나의 생일은 8월 27일이에요.

Nǐ shǔ shénme?

○ 你属什么？
당신은 무슨 띠예요?

Wǒ shǔ lóng.

○ 我属龙。
나는 용띠예요.

CHAPTER 5

Nǐ jiā yǒu jǐ kǒu rén?

○ **你家有几口人？**

당신의 가족은 몇 명인가요?

Sì kǒu rén.

○ **四口人。**

네 명입니다.

Dōu yǒu shénme rén?

○ **都有什么人？**

가족이 모두 어떻게 되나요?

Bàba、 māma、 yí ge dìdi hé wǒ.

○ **爸爸、妈妈、一个弟弟和我。**

아버지, 어머니, 남동생 한 명과 내가 있어요.

CHAPTER 6

Nǐ zhù zài nǎr?

○ **你住在哪儿？**

당신은 어디에 사나요?

Wǒ zhù zài Běijīng.

○ **我住在北京。**

나는 베이징에 살아요.

Nǐ bàba zuò shénme gōngzuò?

○ **你爸爸做什么工作？**

당신의 아버지는 무슨 일을 하시나요?

Tā shì gōngsī zhíyuán.

○ **他是公司职员。**

그는 회사원이에요.

07 시간·요일을 물어봐요.

 학습목표

- 시간 묻고 대답하기
- 요일 묻고 대답하기

☑ **복습** 다음을 해석해 보세요. 정답 270p

- □ 你住在哪儿?
- □ 我住在北京。
- □ 你爸爸做什么工作?
- □ 他是公司职员。

동영상 강의 보기

01

MP3_07_01

씨엔짜이 지 디엔
Xiànzài jǐ diǎn?

리밍 **现在 几 点?**

지금 몇 시

지금 몇 시예요?

现在 xiànzài 지금

现在 xiànzài는 '지금', '현재'라는 의미예요. 위 문장에서는 말하고 있는 순간을 나타내는 '지금'이라는 의미로 쓰였습니다.

几 jǐ 몇

'요일', '식구'를 물어볼 때 배웠던 '몇'이라는 의미의 의문대사입니다. 기억하나요? 几 jǐ는 보통 10보다 작은 수를 물어볼 때 쓰였던 걸요. 그럼 12시를 물어볼 때는 几 jǐ를 쓸 수 없을까요? 아닙니다. 시간과 날짜를 물어볼 때는 항상 의문대사 几 jǐ를 사용합니다. 만약 几 jǐ로 질문을 받았다면, 대답은 几 jǐ 대신 시간으로 바꿔서 대답하면 되겠죠?

点 diǎn 시

시간을 나타내는 단위인 '시'예요. 시간을 물어볼 때 '몇'이라는 의미의 의문대사 几 jǐ 뒤에 쓰여 '몇 시예요?', '몇 시입니까?'라는 의미를 나타냅니다.

단어정리

现在 xiànzài 몡 지금
几 jǐ 쉬 몇
点 diǎn 양 시

02

한송

씨엔짜이 이 디엔 스 펀
Xiànzài yī diǎn shí fēn.
现在 一 点 十 分。
지금 1 시 10 분

지금은 1시 10분이에요.

一 yī 1

숫자 1이 点 diǎn 앞에 쓰여 '구체적인 시간'을 나타내고 있어요. 본래 一 yī는 쓰임에 따라 성조가 변하지만 시간을 나타낼 때는 변함없이 1성으로 발음합니다.

点 diǎn 시

시간을 말할 때는 点 diǎn 앞에 숫자를 붙여서 표현합니다. 즉 질문 几点 jǐ diǎn에서 几 jǐ 대신 숫자를 넣어 말하면 돼요.

十 shí 10

숫자 10이 分 fēn 앞에 쓰여 '분'을 나타내고 있어요.

> 십 단위를 붙여서 숫자를 표현해 볼까요? 11은 十 shí 뒤에 一 yī를 더한 十一 shíyī, 70은 十 shí 앞에 七 qī를 더한 七十 qīshí, 99는 十 shí의 앞과 뒤에 九 jiǔ를 붙인 九十九 jiǔshíjiǔ입니다.

分 fēn 분

시간을 나타내는 단위인 '분'이에요. 우리말과 똑같이 숫자 뒤에 分 fēn을 붙여 표현해요. 문장에서는 十 shí가 와서 '10분'이 되었네요! '10분' 뒤에는 '~이에요', '~입니다' 등을 붙여 자연스럽게 해석합니다.

> 우리말에서도 '1시 30분'은 '1시 반'이라고 자주 말하죠? 중국어도 마찬가지로 一点三十分 yī diǎn sānshí fēn과 같은 의미로 一点半 yī diǎn bàn이라는 표현도 있답니다.

단어정리
现在 xiànzài 몡 지금
一 yī 주 1
点 diǎn 양 시
十 shí 주 10
分 fēn 양 분

03

리밍

아 찐티엔 씽치 지
À, jīntiān xīngqī jǐ?
啊，今天 星期 几?
아 오늘 요일 몇

MP3_**07_03**

아! 오늘 무슨 요일이에요?

啊 à 아

어떤 사실이나 상황을 깨달았을 때 쓰는 감탄사로 문장에서 제일 앞에 옵니다. 짧게 끊어서 발음해 주세요.

今天 jīntiān 오늘

今 jīn은 '지금', '현재' 天 tiān은 '날', '일'이라는 의미로 今天 jīntiān은 '오늘'이라는 의미가 됩니다. 天 tiān 앞에 今 jīn과 같은 시간 표현을 붙여서 다양한 시간을 나타낼 수 있습니다. '어제'는 '이전'이라는 의미의 昨 zuó를 붙여 昨天 zuótiān이라 하고, '내일'은 '다음'이라는 의미의 明 míng을 붙여 明天 míngtiān으로 표현해요.

星期 xīngqī 요일

星期 xīngqī는 '요일', '주'라는 뜻이 있으며, 문장에서는 '요일'이라는 의미로 쓰였습니다. 이외에도 회화에서는 星期 xīngqī 대신 礼拜 lǐbài를 쓰는 경우가 있으니 함께 기억해 두세요.

几 jǐ 몇

'몇'이라는 뜻의 의문대사이지만 '요일'의 星期 xīngqī 뒤에 올 때는 '무슨'이라고 해석해요. '무슨'때문에 几 jǐ 대신 什么 shénme를 넣어야 할 것 같나요? 아닙니다. 요일은 10 이하의 숫자로 표현하기 때문에 꼭 几 jǐ로 표현합니다. 헷갈리지 마세요!

단어정리

啊 à 감 아
今天 jīntiān 명 오늘
星期 xīngqī 명 요일
几 jǐ 수 몇

04

한송

MP3_**07_04**

찐티엔　씽치　쓰
Jīntiān xīngqī sì.

今天 星期 四。
오늘　요일　4

오늘은 목요일이에요.

星期四 xīngqī sì 목요일

星期 xīngqī 뒤에 숫자를 붙여 날짜를 표현할 수 있어요. 월요일에서 토요일까지는 숫자 1에서 6을 순서대로 붙이면 됩니다. 그럼 일요일은 星期七 xīngqī qī일까요? 아니예요, 일요일은 조금 특별합니다! 숫자 대신 '날', '일'을 의미하는 天 tiān이나 日 rì를 붙여서 표현합니다.

'주말'은 周末 zhōumò라고 해요.

월요일	화요일	수요일	목요일	금요일	토요일	일요일
星期一	星期二	星期三	星期四	星期五	星期六	星期天
xīngqī yī	xīngqī èr	xīngqī sān	xīngqī sì	xīngqī wǔ	xīngqī liù	xīngqī tiān

 단어정리

今天 jīntiān 몡 오늘
星期 xīngqī 몡 요일
四 sì 쥐 4

➡️ 리밍이 한송이에게 시간을 물어봐요.

李明   现在 几 点?
（지금 몇 시）

✏️ 병음 써 보기

韩松   现在 一 点 十 分。
（지금 1 시 10 분）

李明   啊, 今天 星期 几?
（아 오늘 요일 몇）

韩松   今天 星期 四。
（오늘 요일 4）

리밍   지금 몇 시예요?

한송   지금은 1시 10분이에요.

리밍   아! 오늘 무슨 요일이에요?

한송   오늘은 목요일이에요.

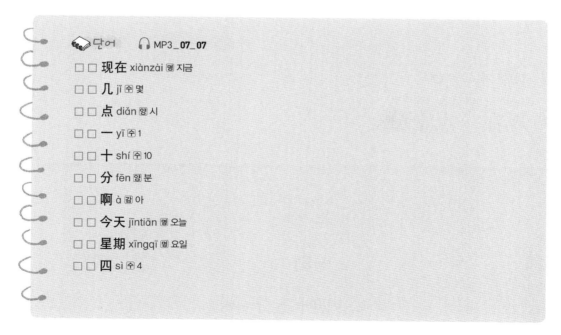

📖단어　🎧MP3_**07_07**

☐☐ **现在** xiànzài 몡 지금

☐☐ **几** jǐ ㈜ 몇

☐☐ **点** diǎn 양 시

☐☐ **一** yī ㈜ 1

☐☐ **十** shí ㈜ 10

☐☐ **分** fēn 양 분

☐☐ **啊** à 괍 아

☐☐ **今天** jīntiān 몡 오늘

☐☐ **星期** xīngqī 몡 요일

☐☐ **四** sì ㈜ 4

01 🎧 MP3_07_08

지금 몇 시예요?

Xiànzài jǐ diǎn?

现在几点?

① ge
个 개

② fēn
分 분

③ cì
次 회, 번

02 🎧 MP3_07_09

지금은 1시 10분이에요.

Xiànzài yī diǎn shí fēn.

现在一点十分。

① bàn
半 30분(반)

② yí kè
一刻 15분

③ sìshíwǔ fēn
四十五分 45분

Tip
45분을 三刻 sān kè로 표현할 수도 있어요!

03

🎧 MP3_**07**_**10**

오늘 무슨 요일이에요?

Jīntiān xīngqī jǐ?
今天星期几?

zuótiān
① **昨天** 어제

míngtiān
② **明天** 내일

hòutiān
③ **后天** 모레

04

🎧 MP3_**07**_**11**

오늘은 목요일이에요.

Jīntiān xīngqī sì.
今天星期四。

yī
① **一** 월(1)

liù
② **六** 토(6)

tiān
③ **天** 일

1 녹음을 듣고 해당하는 박스에 성조를 표시해 보세요. 🎧 MP3_07_12

1 现在 xianzai

2 一点 yi dian

3 分 fen

4 星期四 xingqi si

2 본문에서 배운 내용을 참고하여 빈칸에 알맞은 한어병음과 중국어를 써 보세요.

Xiànzài jǐ ▢▢▢▢ ?

现在几 ▢▢▢▢ ?

▢▢▢▢▢ yī diǎn shí fēn.

▢▢▢▢▢ 一点十分。

À, jīntiān ▢▢▢▢▢▢▢ ?

啊，今天 ▢▢▢▢▢▢ ?

Jīntiān ▢▢▢▢▢▢ .

今天 ▢▢▢▢▢▢ 。

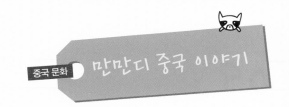
点钟 diǎnzhōng 의 유래

중국을 여행하다 보면 어느 지역에서나 钟楼 zhōnglóu와 鼓楼 gǔlóu라는 지명이 있습니다. 그 이유가 정말 재미있어요. 钟楼 zhōnglóu와 鼓楼 gǔlóu라는 곳은 먼 옛날 성내에 있는 사람들에게 시간을 알려주기 위해 종이나 북을 쳐주던 곳이에요. 글자 그대로 해석해 보면 鼓楼 gǔlóu는 북을 치던 곳이고, 钟楼 zhōnglóu는 종을 치던 곳이었겠지요. 여기에서 알 수 있듯이 几点钟 jǐ diǎnzhōng의 钟 zhōng은 바로 이 종을 의미합니다. 그러니까 옛날에는 '몇 번 종을 쳤느냐'고 물어보는 것이 시간을 물어보는 질문이었습니다. 그 습관이 지금까지 내려오는 것이라고 생각하시면 돼요!

지금 하고 있는 동작을 물어봐요.

 학습목표

- 현재 진행 표현 익히기
- 이유 묻는 표현 익히기

 복습 다음을 해석해 보세요. 정답 270p

☐ 现在几点?

☐ 现在一点十分。

☐ 啊, 今天星期几?

☐ 今天星期四。

동영상 강의 보기

01

리밍

ㄴ∨ ㅉ∨이 ㄲㄴ 셔머 너
Nǐ zài gàn shénme ne?

你 在 干 什么 呢?

당신 지금 ~하고 있다 하다   무엇

MP3_08_01

당신은 지금 무엇을 하고 있어요?

在 zài 지금 ~하고 있다

在 zài의 쓰임은 다양해요. CHAPTER 6에서는 '~에(서)'라는 뜻의 개사이고, 이번 문장에서는 '지금 ~하고 있다'라는 뜻의 동작이나 상황이 현재 진행중임을 나타내는 부사로, 술어인 干 gàn 앞에 쓰였습니다.

🔍 동작의 진행을 나타내는 在 zài 앞에는 사실 正 zhèng이 숨어있답니다. 正在 zhèngzài와 在zài는 같은 의미라는 것도 기억하세요!

干 gàn 하다

중국어에서 '~하다'라는 뜻을 가진 동사는 매우 다양해요. 그중 干 gàn은 포괄적인 의미의 '~하다'로 회화에서 많이 쓰입니다. 문장에서는 술어로 부사 在 zài 뒤에 쓰였어요.

🔍 구체적으로 '~하다'라는 표현에는 你爸爸做什么工作? Nǐ bàba zuò shénme gōngzuò?에서 배운 做 zuò가 있어요. 做 zuò 뒤에는 做饭 zuò fàn '밥을 하다', 做作业 zuò zuòyè '숙제를 하다'와 같이 구체적인 동작을 나타내는 목적어가 붙습니다.

什么 shénme 무엇

'무엇'이라는 의미의 의문대사로 문장에서 상대방이 무엇을 하고 있는지 동작을 묻기 위해 쓰였어요.

呢 ne

문장 끝에 쓰여 동작이나 상태가 계속됨을 나타내는 어기조사로 생략이 가능합니다. 진행을 나타내는 在 zài가 있는 문장의 끝에 呢 ne가 있는지 확인해 보세요!

📖 단어정리

你 nǐ 때 너, 당신
在 zài 튄 지금 ~하고 있다
干 gàn 동 하다
什么 shénme 때 무엇
呢 ne 죄 문장 끝에 쓰여
 상태가 계속됨을 나타냄

02

한송

MP3_08_02

워　짜이　쇼우스　싱리　너
Wǒ　zài　shōushi xíngli　ne.

我　在　收拾 行李 呢。

나　지금　～하고 있다　꾸리다　짐

나는 짐을 꾸리는 중이에요.

○ **在** zài 지금 ~하고 있다

'지금 무엇을 하는 중인지'를 물어봤으므로, 질문에서 사용한 在 zài를 그대로 받아 대답을 하고 있어요. 해석은 '지금'은 생략하고 '~ 중이다'라고 자연스럽고 간략하게 처리했습니다.

○ **收拾** shōushi 꾸리다

'꾸리다', '준비하다'라는 의미의 동사로 술어 역할을 하고 있어요. '짐' 行李 xíngli와 함께 자주 쓰이니 꼭 기억하세요!

○ **行李** xíngli 짐

여행 가방과 같은 비교적 큰 크기의 짐을 말해요. 문장에서는 收拾 shōushi '꾸리다'의 대상으로 '짐'이라고 해석합니다. 行李 xíngli의 李 li는 3성이 아닌 경성으로 발음하니 주의하세요!

○ **呢** ne

在 zài가 있는 문장이라 또 呢 ne가 함께 나왔네요. 呢 ne가 문장의 마지막에 오면 부드러운 느낌도 줍니다. 경성으로 가볍게 발음하세요!

단어정리

我 wǒ 때 나
在 zài 图 지금 ~하고 있다
收拾 shōushi 图 꾸리다,
　준비하다
行李 xíngli 圈 짐
呢 ne 图 문장 끝에 쓰여
　상태가 계속됨을 나타냄

03

리밍

웨이션머   니   취   뤼요우   마
Wèishénme? Nǐ qù lǚyóu ma?

为什么? 你 去 旅游 吗?

왜   당신 가다 여행

🎧
MP3_08_03

왜요? 당신은 여행 가세요?

为什么 wèishénme 왜

단독으로 쓰여 '왜?', '왜요?'라고 간단하게 질문할 때 쓸 수 있어요. 为什么 wèishénme 도 의문대사로 의문문을 만들 때 쓰이며, 문장에서의 위치 또한 문맥에 맞게 배치해요.

去 qù 가다

'가다'라는 뜻의 동사예요. 去 qù 뒤에 장소를 붙여 '~에 가다'라고 해석할 수 있습니다.

旅游 lǚyóu 여행

旅游 lǚyóu 뒤에는 목적어가 올 수 없어요. 만약 장소를 넣어 '상하이로 여행 가세요?' 라고 묻고 싶다면 上海 Shànghǎi를 旅游 lǚyóu 앞에 위치시켜 你去上海旅游吗? Nǐ qù Shànghǎi lǚyóu ma?라고 해야합니다.

吗 ma

'주어 你 nǐ + 술어 去 qù + 목적어 旅游 lǚyóu'로 이루어진 평서문에 의문조사 吗 ma를 붙여 의문문을 만들었어요.

📖 단어정리

为什么 wèishénme
　　　　 때 왜
你 nǐ 때 너, 당신
去 qù 통 가다
旅游 lǚyóu 명 여행
吗 ma 조 문장 끝에 쓰여
　　 의문의 어기를 나타냄

04

MP3_08_04

한송

스더 쨔우모 워 취 쌍하이
Shì de. Zhōumò wǒ qù Shànghǎi.
是的。周末 我 去 上海。
네 주말 나 가다 상하이

네. 나는 주말에 상하이에 가요.

是的 shì de 네

'네', '맞아요', '그래' 등의 상대방 의사에 동의를 나타내는 표현이에요. 보통 간단하게 是 shì라고도 할 수 있지만 的 de를 붙이면 조금 더 부드러운 느낌을 줄 수 있어요.

周末 zhōumò 주말

周 zhōu는 '주', 末 mò는 '끝', '마지막'이라는 뜻이에요. 이 둘을 합친 周末 zhōumò는 한 주의 끝인 '주말'을 말합니다.

💡 周 zhōu로도 요일을 표현할 수 있답니다. 星期 xīngqī처럼 숫자와 결합해서 '월요일'은 周一 zhōu yī, '화요일'은 周二 zhōu èr로 표현해요. '일요일'은 周日 zhōu rì인 것 꼭 기억하세요!

上海 Shànghǎi 상하이

중국 경제의 중심으로 남부 지역을 대표하는 도시입니다.

💡 중국의 수도인 北京 Běijīng 베이징, 광둥성의 성도인 广州 Guǎngzhōu 광저우, 경제특구 지역인 深圳 Shēnzhèn 선전 등 여러 도시를 중국어로 익혀 봅시다!

📚 **단어정리**

是的 shì de 그렇다, 맞다
周末 zhōumò 몡 주말
我 wǒ 떼 나
去 qù 통 가다
上海 Shànghǎi
　　　　지명 상하이

➡️ 리밍이 한송이에게 무엇을 하는지 물어보고 있어요.

李明　你　在　干 什么 呢?
（당신）（지금 ～하고 있다）（하다）（무엇）

병음 써 보기

韩松　我　在　收拾 行李 呢。
（나）（지금 ～하고 있다）（꾸리다）（짐）

李明　为什么?　你 去 旅游 吗?
（왜）（당신）（가다）（여행）

韩松　是的。周末 我 去 上海。
（네）（주말）（나）（가다）（상하이）

리밍　당신은 지금 무엇을 하고 있어요?

한송　나는 짐을 꾸리는 중이에요.

리밍　왜요? 당신은 여행 가세요?

한송　네. 나는 주말에 상하이에 가요.

당신은 지금 무엇을 하고 있어요?

🔖 단어　🎧 MP3_08_07

- □ □ **你** nǐ 때 너, 당신
- □ □ **在** zài 图 지금 ~하고 있다
- □ □ **干** gàn 图 하다
- □ □ **什么** shénme 때 무엇
- □ □ **呢** ne 图 문장 끝에 쓰여 상태가 계속됨을 나타냄
- □ □ **我** wǒ 때 나
- □ □ **收拾** shōushi 图 꾸리다, 준비하다
- □ □ **行李** xíngli 명 짐
- □ □ **为什么** wèishénme 때 왜
- □ □ **去** qù 图 가다
- □ □ **旅游** lǚyóu 명 여행

- □ □ **吗** ma 图 문장 끝에 쓰여 의문의 어기를 나타냄
- □ □ **是的** shì de 그렇다, 맞다
- □ □ **周末** zhōumò 명 주말
- □ □ **上海** Shànghǎi 지명 상하이

01 🎧 MP3_08_08

당신은 지금 무엇을 하고 있어요?

Nǐ zài gàn shénme ne?

你在干什么呢?

zuò
① **做** 하다

kàn
② **看** 보다

chī
③ **吃** 먹다

02 🎧 MP3_08_09

나는 짐을 꾸리는 중이에요.

Wǒ zài shōushi xíngli ne.

我在收拾行李呢。

dǎsǎo fángjiān
① **打扫房间** 방을 청소하다

mǎi dōngxi
② **买东西** 물건을 사다

cā zhuōzi
③ **擦桌子** 탁자를 닦다

03

🎧 MP3_08_10

당신은 여행 가세요?

Nǐ qù lǚyóu ma?

你去旅游吗?

xuéxiào
① 学校 학교

yīyuàn
② 医院 병원

jīchǎng
③ 机场 공항

04

🎧 MP3_08_11

나는 주말에 상하이에 가요.

Zhōumò wǒ qù Shànghǎi.

周末我去上海。

Rénchuān
① 仁川 인천

Jìzhōu dǎo
② 济州岛 제주도

Fǔshān
③ 釜山 부산

1 녹음을 듣고 해당하는 박스에 성조를 표시해 보세요. 🎧 MP3_08_12

1 干 gan

2 收拾 shoushi

3 为什么 weishenme

4 上海 Shanghai

2 본문에서 배운 내용을 참고하여 빈칸에 알맞은 한어병음과 중국어를 써 보세요.

Nǐ ⬜ gàn shénme ⬜ ?

你 ⬜ 干什么 ⬜ ?

Wǒ zài shōushi ⬜ ne.

我在收拾 ⬜ 呢。

Wèishénme? Nǐ qù ⬜ ma?

为什么? 你去 ⬜ 吗?

Shì de. ⬜ wǒ ⬜ Shànghǎi.

是的。 ⬜ 我 ⬜ 上海。

베이징 호텔

중국에서는 왜 호텔을 饭店 fàndiàn이나 酒店 jiǔdiàn으로 말할까요? 그 이유에 대해 알아보려면 먼 옛날로 돌아가 봐야 합니다.

饭店 fàndiàn은 예전에 외지에서 온 사람들을 위해 숙식을 제공하던 곳이었는데 요. 밥도 팔면서 하루 머물고자 하는 사람들에게는 잠자리를 제공했었죠. 酒店 jiǔdiàn 역시 술을 팔면서 하루 머물고자 하는 사람들에게 숙박장소를 제공했던 곳이고요. 이랬던 장소가 현대사회에서는 호텔이라는 이름을 얻게 된 것이죠. 이 외에도 宾馆 bīnguǎn이라는 이름도 있는데, 역시 호텔의 개념입니다.

그러면 술집은 뭐라고 부를까요? 술집은 酒吧 jiǔbā라고 합니다. 여기에서 酒 jiǔ 는 술을 의미하고 吧 bā는 영어의 bar를 중국어로 음역한 것이에요.

식당은 餐厅 cāntīng이라고 하는데, 일반적인 음식점을 말합니다. 간혹 식당을 찾는다고 食堂 shítáng을 찾는 경우가 있는데요. 중국에서 食堂 shítáng은 학교 구내식당을 말합니다.

CHAPTER

09 가격을 물어봐요.

📖 **학습목표**

- 가격 묻고 대답하기
- 단위와 중국화폐 익히기

 복습 다음을 해석해 보세요. 정답 270p

☐ 你在干什么呢?

☐ 我在收拾行李呢。

☐ 为什么? 你去旅游吗?

☐ 是的。周末我去上海。

동영상 강의 보기

문·법·콕·콕

01

사장

닌   야오   마이 선머
Nín   yào   mǎi shénme?
您   要   买 什么?
당신 ~하려고 하다 사다 무엇

🎧
MP3_09_01

당신은 무엇을 사려고 하세요?

○ **您** nín 당신

你 nǐ에 대한 존칭 표현이에요. 중국어는 우리말처럼 높임말이 없고 상대를 가리키는 '너'에 대한 높임말만 있답니다. 여기에서는 가게 주인이 손님을 높여 부른 것으로 이해하면 돼요.

○ **要** yào ~하려고 하다

문장에서 要 yào는 조동사로 '~하려고 하다'는 의미예요. 중국어에서 '조동사'란 동사 앞에서 동사를 도와주는 품사를 일컫는 용어입니다. 중국어에서는 이렇게 조동사와 동사를 같이 사용하여 표현한답니다.

 要 yào는 본래 동사로 '필요하다', '원하다'란 뜻을 가지고 있어요. 문장에서 동사인지 조동사인지를 구분하는 방법은 要 yào 뒤에 동사가 있는지를 확인하면 됩니다!

○ **买** mǎi 사다

물건을 살 때 꼭 알고 있어야 하는 단어는? 바로 동사 '사다' 买 mǎi예요. 그럼 반대로 '팔다'는 어떻게 말할까요? 정답은 卖 mài입니다.

 买卖 mǎimai는 '사고 팔다' 즉 '매매하다'가 됩니다.

📖 **단어정리**

您 nín 데 당신(你의 존칭)
要 yào 조동 ~하려고 하다
买 mǎi 통 사다
什么 shénme 데 무엇, 무슨

○ **什么** shénme 무엇

'무엇', '무슨' 의미의 의문대사 什么 shénme는 买 mǎi 뒤에 위치하여 무엇을 사려고 하는지 묻고 있어요.

02

🎧 MP3_09_02

핑구어 뚜어샤오 치엔 이 진
Píngguǒ duōshao qián yì jīn?

苹果 多少 钱 一 斤?

사과 얼마나 돈 하나 근

사과 한 근에 얼마예요?

○ **苹果** píngguǒ 사과

문장에서 과일이 주어로 쓰였고, 주어인 사과의 가격을 묻고 있어요.

○ **多少** duōshao 얼마나

'양'이 얼마나 되는지를 물어볼 때 쓰이는 의문대사예요. 문장에서는 사과 한 근의 가격이 얼마인지를 물어보기 위해 쓰였어요. 문맥상 가격이 얼마인지를 물어봐야 하므로 钱 qián 앞에 왔어요.

○ **钱** qián 돈

多少 duōshao에 钱 qián을 붙이면 가격을 묻는 표현이 돼요! 多少钱 duōshao qián? '얼마입니까?'

○ **一斤** yì jīn 한 근

斤 jīn은 무게를 재는 단위인 양사예요. 중국은 우리나라와 달리 '한 근' 一斤 yì jīn이 500g이에요. 그럼 500g의 2배는 어떻게 말할까요? 1kg이 되는 거니까 단위도 바뀌겠죠? 1kg은 一公斤 yì gōngjīn이라고 합니다.

🔆 우리나라는 무게를 달아서 파는 과일이 있고 개수로 파는 과일이 있죠? 하지만 중국에서는 모든 과일을 무게로 재서 팔아요. 중국에 여행 갔을 때 적혀 있는 단가를 잘 확인하고 구매하세요. 모두 一斤 yì jīn에 대한 가격이니까요! 과일 외에 고기나 사람 무게도 모두 '근'으로 말한답니다.

 단어정리

苹果 píngguǒ 명 사과
多少 duōshao 대 얼마나
钱 qián 명 돈
一 yī 수 1
斤 jīn 양 근

03

사장

싼 콰이 우 이 진
Sān kuài wǔ yì jīn.

三 块 五 一 斤。

| 3 | 위안 | 5 | 하나 | 근 |

MP3_09_03

한 근에 3위안 5마오입니다.

○ **三块五** sān kuài wǔ 3위안 5마오

인민폐의 단위는 순차적으로 块 kuài, 毛 máo, 分 fēn입니다. 五 wǔ 뒤에는 사실 毛 máo가 생략되었어요. 三块五毛 sān kuài wǔ máo라고 표현해도 되지만 중국인들은 마지막 단위를 생략하는 습관이 있답니다. 그럼 7.89元를 읽어 볼까요? 정답은 七块八毛九(分) qī kuài bā máo jiǔ (fēn)입니다. 1元 yì yuán은 한국 화폐로 180원(2016년 기준) 정도예요.

인민폐 단위는 구어체와 문어체가 다르게 쓰여요.

구어체	块(콰이) kuài	毛(마오) máo	分(펀) fēn
문어체	元(위앤) yuán	角(지아오) jiǎo	分(펀) fēn

○ **一斤** yì jīn 한 근

앞에서 '한 근'에 얼마냐고 물었기 때문에 대답을 할 때에도 '한 근' 一斤 yì jīn을 써서 대답했어요.

📖 **단어정리**

三 sān ㈜ 3
块 kuài 양 위안
五 wǔ ㈜ 5
一 yī ㈜ 1
斤 jīn 양 근

04

한송

하오 워 야오 이 진
Hǎo, wǒ yào yì jīn.

好，我 要 一 斤。

좋다 ~나 필요하다 하나 근

좋아요. 한 근 주세요.

好 hǎo 좋다

好 hǎo는 형용사이며 '좋다'는 뜻으로 상대방의 말에 자신도 동의하고 좋다는 의사를 말할 때 사용해요.

要 yào 필요하다

要 yào가 문법콕콕 01 您要买什么？ Nín yào mǎi shénme?에서 조동사 '~하려고 한다'는 의미로 쓰인 거 기억하세요? 이 문장에서는 要 yào 뒤에 다른 동사가 없는 것을 보니 '필요하다'라는 뜻의 동사로 쓰인 것을 확인할 수 있어요.

好，我要一斤。
좋아요. 한 근 주세요.

📖 단어정리

好 hǎo 형 좋다
我 wǒ 대 나
要 yào 동 필요하다
一 yì 수 1
斤 jīn 양 근

➡️ 한송이가 사과를 사려고 해요.

老板
당신 ～하려고 하다 사다 무엇
您 要 买 什么?

✏️ 병음 써 보기

韩松
사과 얼마나 돈 하나 근
苹果 多少 钱 一 斤?

老板
3 위안 5 하나 근
三 块 五 一 斤。

韩松
좋다 나 필요하다 하나 근
好, 我 要 一 斤。

사장	당신은 무엇을 사려고 하세요?
한송	사과 한 근에 얼마예요?
사장	한 근에 3위안 5마오입니다.
한송	좋아요. 한 근 주세요.

📖단어　🎧 MP3_09_07

□ □ **您** nín 때 당신(你의 존칭)

□ □ **要** yào 조동 ~하려고 하다

□ □ **买** mǎi 동 사다

□ □ **什么** shénme 때 무엇, 무슨

□ □ **苹果** píngguǒ 명 사과

□ □ **多少** duōshao 때 얼마나

□ □ **钱** qián 명 돈

□ □ **一** yī 수 1

□ □ **斤** jīn 양 근

□ □ **三** sān 수 3

□ □ **块** kuài 양 위안

□ □ **五** wǔ 수 5

□ □ **好** hǎo 형 좋다

□ □ **我** wǒ 때 나

□ □ **要** yào 동 필요하다

01 🎧 MP3_09_08

당신은 무엇을 사려고 하세요?

Nín yào mǎi shénme?

您要买什么?

tīng
① 听 듣다

shuō
② 说 말하다

chī
③ 吃 먹다

02 🎧 MP3_09_09

사과 한 근에 얼마예요?

Píngguǒ duōshao qián yì jīn?

苹果多少钱一斤?

cǎoméi
① 草莓 딸기

júzi
② 橘子 귤

pútáo
③ 葡萄 포도

03

🎧 MP3_09_10

한 근에 3위안 5마오입니다.

Sān kuài wǔ yì jīn.

三块五一斤。

ge
① **个** 개

fèn
② **份** 접시

hé
③ **盒** 상자

Tip
个 ge와 份 fēn을 넣어 읽을 때는 수사
一 yī의 성조변화에 주의해 주세요!

04

🎧 MP3_09_11

좋아요. 한 근 주세요.

Hǎo, wǒ yào yì jīn.

好，我要一斤。

zhè zhǒng
① **这种** 이 종류

yì gōngjīn
② **一公斤** 1kg

yí tào
③ **一套** 한 세트

정답 267p

1 녹음을 듣고 해당하는 박스에 성조를 표시해 보세요. 🎧 MP3_09_12

1 买 mai

2 苹果 pingguo

3 一斤 yi jin

4 多少 duoshao

2 본문에서 배운 내용을 참고하여 빈칸에 알맞은 한어병음과 중국어를 써 보세요.

Nín ☐☐☐ mǎi ☐☐☐☐ ?

您 ☐☐ 买 ☐☐☐ ?

Píngguǒ duōshao ☐☐☐ yì jīn?

苹果多少 ☐☐☐ 一斤?

Sān ☐☐☐ wǔ yì jīn.

三 ☐☐ 五一斤。

Hǎo, wǒ yào ☐☐☐☐ .

好，我要 ☐☐☐ 。

148

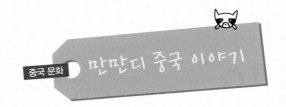

중국의 사과

요즘 중국인들이 자주 얘기하는 단어가 하나 있는데, 바로 苹果 píngguǒ예요.

중국어는 외래어를 모두 음역하기에는 한계가 있습니다. 그래서 의역으로 외래어를 표기하기도 해요. 물론 이 둘을 혼합해서 표기할 때도 있어요. 意大利面 yìdàlìmiàn이 바로 그런 경우인데, '이탈리아 국수'니까 '스파게티'입니다.

다행히도 중국어로 충분히 옮길 수 있는 외래어라면 이름을 만들 수 있어요. 애플사의 제품이 바로 그렇습니다. '애플'은 '사과'를 뜻하고 '사과'는 중국어로 苹果 píngguǒ니까 그냥 苹果 píngguǒ라고 하면 됩니다.

혹시라도 중국에 갔는데, 중국인들이 사과 얘기를 계속하고 있다면 진짜 사과가 아닌 아이폰을 얘기하는 중일 수도 있다고 생각하세요!

가격을 흥정해 봐요.

 학습목표

- 가격 묻고 대답하기
- 흥정하는 표현 익히기

✔️ **복습** 다음을 해석해 보세요. 정답 271p

- ☐ 您要买什么?
- ☐ 苹果多少钱一斤?
- ☐ 三块五一斤。
- ☐ 好，我要一斤。

동영상 강의 보기

01

MP3_**10_01**

한송

쩌 찌엔 이푸 뚜어샤오 치엔
Zhè jiàn yīfu duōshao qián?

这 件 衣服 多少 钱?

이 벌 옷 얼마 돈

이 옷은 얼마인가요?

这 zhè 이

우리말 '이것', '저것'을 중국어에서는 지시대사라고 해요. 가까운 곳에 있는 옷을 말하고 있으므로 지시대사 这 zhè가 쓰여 '이', '이것'을 의미하고 있어요. 위치는 옷을 세는 양사 件 jiàn 앞에 쓰여 '옷' 衣服 yīfu를 가리키고 있습니다.

> 멀리 있는 것을 가리킬 때에는 '저', '저것'의 那 nà를 사용해서 말해 보세요!

件 jiàn 벌

중국어에서는 사물이나 사람을 셀 때는 반드시 단위와 함께 말해야 한다는 것 기억하시나요? 件 jiàn은 옷을 세는 대표적인 양사입니다.

> 문장의 순서 외우기! 지시대사 + 양사 + 명사

衣服 yīfu 옷

문장에서 주어 역할을 하며, 앞에 옷을 가리키는 지시대사 这 zhè와 옷을 세는 양사 件 jiàn이 함께 쓰여 '이 옷 한 벌'이 주어가 돼요.

多少钱 duōshao qián 얼마예요

CHAPTER 9에서 배웠던 가격 묻는 표현을 잘 기억하고 있겠죠? 옷의 가격이 얼마인지를 물어보기 위해 의문대사 多少 duōshao로 의문문을 만들었어요.

📖 단어정리

这 zhè 데 이, 이것
件 jiàn 향 옷을 세는 양사
衣服 yīfu 명 옷
多少 duōshao 데 얼마나
钱 qián 명 돈

02

치 바이　우 스　콰이 치엔
Qībǎi　wǔshí　kuài qián.

판매원 **七 百 五 十 块 钱。**

7　백　5　십　위안　돈

750위안입니다.

○ **七百** qībǎi 700 / **五十** wǔshí 50

금액을 말할 때에는 우리말과 동일하게 '숫자 + 단위'로 말해요. 문장에서는 금액을 말하기 위해 화폐 단위 块 kuài 앞에 쓰였습니다.

○ **块** kuài 위안

중국 화폐 단위 중에서 가장 높은 단위예요.

○ **钱** qián 돈

정확하게 해석하면 '750위안 돈'이에요. 하지만, 보통 중국에서는 금액을 말할 때 마지막 단위나 돈을 나타내는 钱 qián을 종종 생략한답니다.

七百五!
750위안입니다.

这件衣服多少钱!
이 옷은 얼마인가요?

단어정리

七 qī ㈜ 7
百 bǎi ㈜ 100
五 wǔ ㈜ 5
十 shí ㈜ 10
块 kuài ⟨양⟩ 위안
钱 qián ⟨명⟩ 돈

 Tip
七百五 qībǎi wǔ가 705일까요? 아니예요.
마지막 단위 十 shí가 생략된 거예요!

03

한송

타이 꾸이 러   니   넝 부 넝   피엔이   이 디알
Tài guì le.   Nǐ néng bu néng piányi yìdiǎnr?

太 贵 了。你 能不能 便宜 一点儿?

너무 비싸다   당신   할 수 있다, 없다   싸다   조금

🎧
MP3_10_03

너무 비싸요. 당신은 조금 싸게 주실 수 있나요?

○ 太……了 tài……le 너무 ~하다

太 tài는 '아주', '매우', '몹시'란 의미로 강조하고 싶을 때 형용사술어 앞에서 자주 사용해요. 주의할 점은 문장 끝에 조사 了 le와 함께 쓰인다는 것입니다!

💡 太……了 tài……le의 부정은 어떻게 말할까요? 부정부사 不 bù를 太 tài 앞에 써서 不太 bú tài라고 말해요. 하지만 의미는 '너무 ~하지 않다'가 아닌 '그다지 ~하지 않다'라는 사실을 꼭 기억하세요!

○ 贵 guì 비싸다

형용사로 문장에서 술어 역할을 해요. 즉 太贵了 tài guì le는 형용사술어문이며, 주어 这件衣服 zhè jiàn yīfu가 생략되었습니다.

○ 能不能 néng bu néng 할 수 있다, 없다

能 néng은 '~할 수 있다'는 능력을 의미하는 조동사예요. 중국어에서는 동사나 조동사를 '긍정 + 부정'형식으로 의문문을 만들 수 있는데 이런 의문문을 '정반의문문'이라고 해요. 이때 不 bù는 경성으로 발음합니다.

○ 便宜 piányi 싸다

흥정할 때 꼭 필요한 말! '싸다'입니다. 반댓말인 贵 guì도 같이 외워 두세요.

○ 一点儿 yìdiǎnr 조금

一点儿 yìdiǎnr은 술어 뒤에 쓰여 '조금 (술어)하다'란 의미로 유용하게 쓰이는 표현이에요.

04

MP3_**10_04**

판매원

뿌 싱 이징 다 치 져 러
Bù xíng, yǐjing dǎ qī zhé le.
不 行，已经 打 七 折 了。
아니다 된다 　 이미 치다 7 할인하다

안 돼요. 이미 30% 세일을 한 거예요.

● **不行** bù xíng 안 된다

不 bù는 부정부사로 술어 앞에 쓰여 부정문을 만들어요. 行 xíng은 형용사이며 '된다',
'좋다'는 뜻으로, '안 된다'는 不行 bù xíng으로 대답할 수 있어요.

● **已经……了** yǐjing……le 이미 ~했다

이미 진행된 일을 말할 때에 쓰이는 부사예요. 위치는 동사 打 dǎ 앞에 쓰이며, 已经
yǐjing이 쓰인 문장 뒤에는 동작의 완료를 나타내는 조사 了 le가 함께 와요.

● **打七折** dǎ qī zhé 30% 세일하다

문장을 분석해 볼게요! 打 dǎ는 동사로 단독으로 쓰이면 '치다'란 뜻이 있어요. 七 qī는
수사 '7' 折 zhé는 동사로 '할인하다'란 의미가 있습니다. 그럼 정리해 볼까요!
七 qī '7'가 쓰였기 때문에 70%가 할인된다고 생각한다면 오산! 중국의 세일은 우리와
반대로 계산해야 한다는 사실! 즉 七折 qī zhé면 원가의 70%만 받는다는 뜻이기 때문
에, 30%세일인 것입니다.

(예) 打了七折 dǎ le qī zhé 30% 세일하다 / 打了九折 dǎ le jiǔ zhé 10% 세일하다

단어정리

不 bù 뷔 아니다
行 xíng 형 된다, 좋다
已经 yǐjing 뷔 이미
打折 dǎzhé 동 세일하다
七 qī 쉬 7
了 le 조 완료를 나타내는
　조사

➡ 한송이가 옷을 구매하고 있어요.

韩松

이　벌　옷　얼마　돈
这 件 衣服 多少 钱?

售货员

7　백　5　십　위안　돈
七 百 五 十 块 钱。

韩松

너무　비싸다　　당신　할 수 있다. 없다　싸다　　조금
太 贵 了。你 能 不能 便宜 一点儿?

售货员

아니다　된다　　이미　치다　7　할인하다
不 行，已经 打 七 折 了。

한송	이 옷은 얼마인가요?
판매원	750위안입니다.
한송	너무 비싸요. 당신은 조금 싸게 주실 수 있나요?
판매원	안 돼요. 이미 30% 세일을 한 거예요.

이 옷은 얼마인가요?

단어 🎧 MP3_**10_07**

- ☐ ☐ 这 zhè 때 이, 이것
- ☐ ☐ 件 jiàn 양 옷을 세는 양사
- ☐ ☐ 衣服 yīfu 명 옷
- ☐ ☐ 多少 duōshao 때 얼마나
- ☐ ☐ 钱 qián 명 돈
- ☐ ☐ 七 qī 수 7
- ☐ ☐ 百 bǎi 수 100
- ☐ ☐ 五 wǔ 수 5
- ☐ ☐ 十 shí 수 10
- ☐ ☐ 块 kuài 양 위안
- ☐ ☐ 太……了 tài……le 너무 ~하다

- ☐ ☐ 贵 guì 형 비싸다
- ☐ ☐ 你 nǐ 때 너, 당신
- ☐ ☐ 能 néng 조동 ~할 수 있다
- ☐ ☐ 不 bù 부 아니다
- ☐ ☐ 便宜 piányi 형 싸다
- ☐ ☐ 一点儿 yìdiǎnr 양 조금
- ☐ ☐ 行 xíng 형 된다, 좋다
- ☐ ☐ 已经 yǐjing 부 이미
- ☐ ☐ 打折 dǎzhé 동 세일하다
- ☐ ☐ 了 le 조 완료를 나타내는 조사

01 🎧 MP3_**10_08**

이 옷은 얼마인가요?

Zhè jiàn yīfu duōshao qián?

这件衣服多少钱?

tiáo kùzi
① **条裤子** 바지

shuāng wàzi
② **双袜子** 양말

jiàn liányīqún
③ **件连衣裙** 원피스

02 🎧 MP3_**10_09**

750위안입니다.

Qībǎi wǔshí kuài qián.

七百五十块钱。

sìwàn sānqiān
① **四万三千** 43,000

liǎngbǎi yīshí
② **两百一十** 210

liùshíbā
③ **六十八** 68

Tip

两 liǎng의 비밀 숫자 '2'는 사물을 세는 단위
'양사'와 '천' 단위 앞에서는 二 èr이 아닌 两
liǎng으로 읽으며, '백' 단위 앞에서는 二 èr,
两 liǎng 둘 다 사용할 수 있어요.

03 🎧 MP3_**10_10**

너무 비싸요.

Tài guì le.

太**贵**了。

bǎo
① **饱** 배부르다

kùn
② **困** 졸리다

lèi
③ **累** 피곤하다

04 🎧 MP3_**10_11**

안 돼요.

Bù xíng.

不行。

bú huì
① **不会** 할 수 없다(능력)

bù kěyǐ
② **不可以** 할 수 없다(허가)

bú yào
③ **不要** 할 필요 없다

1 녹음을 듣고 해당하는 박스에 성조를 표시해 보세요. 🎧 MP3_10_12

1   件 jian

2   七百五十 qibai wushi

3   便宜 pianyi

4   已经 yijing

2 본문에서 배운 내용을 참고하여 빈칸에 알맞은 한어병음과 중국어를 써 보세요.

Zhè ⬜ yīfu duōshao qián?

这 ⬜ 衣服多少钱?

⬜ kuài qián.

⬜ 块钱。

⬜ guì ⬜ . Nǐ néng bu néng piányi ⬜ ?

⬜ 贵 ⬜ 。你能不能便宜 ⬜ ?

Bù xíng, yǐjing ⬜ qī ⬜ le.

不行，已经 ⬜ 七 ⬜ 了。

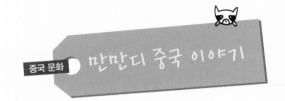
중국화폐에 대해

1999년에 중국의 모든 화폐 디자인이 변경됐습니다. 다양한 민족과 사회계급을
그려 넣어 중국의 다양성을 표방했던 옛날 지폐는 사라지고 마오쩌둥 초상화로
대체된 신권이 발행된 것이죠.

시장경제는 중국을 풍요롭게 만들고 있지만 '사회주의 사상'은 점차 설 곳을 잃
어가고 있습니다. 그래서 중국공산당은 자신들의 지도체제를 강화하기 위해 마
오쩌둥을 더욱 신격화하고 있습니다.

그 방법의 하나가 언제 어디서든 사람들이 쉽게 마오쩌둥을 접할 수 있도록 하
는 것입니다. 그것이 바로 '지폐'입니다. 사회주의 이념의 위기가
마오쩌둥을 더욱 부활시키고 있는 것이죠. 그 덕분에
이전에는 없던 20위안짜리 지폐도 새로 등장하게
되었다죠?

CHAPTER 7

- Xiànzài jǐ diǎn?
  现在几点?
  지금 몇 시예요?

- Xiànzài yī diǎn shí fēn.
  现在一点十分。
  지금은 1시 10분이에요.

- À, jīntiān xīngqī jǐ?
  啊，今天星期几?
  아! 오늘 무슨 요일이에요?

- Jīntiān xīngqī sì.
  今天星期四。
  오늘은 목요일이에요.

CHAPTER 8

- Nǐ zài gàn shénme ne?
  你在干什么呢?
  당신은 지금 무엇을 하고 있어요?

- Wǒ zài shōushi xíngli ne.
  我在收拾行李呢。
  나는 짐을 꾸리는 중이에요.

- Wèishénme? Nǐ qù lǚyóu ma?
  为什么? 你去旅游吗?
  왜요? 당신은 여행 가세요?

- Shì de. Zhōumò wǒ qù Shànghǎi.
  是的。周末我去上海。
  네. 나는 주말에 상하이에 가요.

CHAPTER 9

Nín yào mǎi shénme?

○ **您要买什么?**

당신은 무엇을 사려고 하세요?

Píngguǒ duōshao qián yì jīn?

○ **苹果多少钱一斤?**

사과 한 근에 얼마예요?

Sān kuài wǔ yì jīn.

○ **三块五一斤。**

한 근에 3위안 5마오입니다.

Hǎo,　wǒ yào yì jīn.

○ **好，我要一斤。**

좋아요.　한 근 주세요.

CHAPTER 10

Zhè jiàn yīfu duōshao qián?

○ **这件衣服多少钱?**

이 옷은 얼마인가요?

Qībǎi wǔshí kuài qián.

○ **七百五十块钱。**

750위안입니다.

Tài guì le.　Nǐ néng bu néng piányi yìdiǎnr?

○ **太贵了。你能不能便宜一点儿?**

너무 비싸요.　당신은 조금 싸게 주실 수 있나요?

Bù xíng,　yǐjing dǎ qī zhé le.

○ **不行，已经打七折了。**

안 돼요.　이미 30% 세일을 한 거예요.

CHAPTER 11

날씨를 물어봐요.

 학습목표

- 날씨 묻고 대답하기
- '빌려주다' 표현 익히기

 복습 다음을 해석해 보세요. 정답 271p

☐ 这件衣服多少钱?

☐ 七百五十块钱。

☐ 太贵了。你能不能便宜一点儿?

☐ 不行，已经打七折了。

동영상 강의 보기

01

리밍

찐티엔 티엔치 전머양
Jīntiān tiānqì zěnmeyàng?

今天 天气 怎么样?

오늘 날씨 어때요

MP3_11_01

오늘 날씨가 어때요?

○ **今天** jīntiān 오늘

시간을 나타내는 명사는 대부분 시간의 수식이 필요한 명사 앞에 쓰여요. 문장에서는 주어 '날씨'를 수식하기 위해 天气 tiānqì 앞에 쓰였습니다. 자, 그럼 단어를 풀이해 볼까요? 今 jīn은 '지금'을, 天 tiān은 '일'을 의미하여 '오늘'이라는 뜻이 되었어요. 그래서 '년'을 의미하는 年 nián과 今 jīn을 함께 쓰면 '올해'를 의미하는 今年 jīnnián이 됩니다.

天 tiān을 응용한 단어를 알아보세요! 昨天 zuótiān 어제 – 今天 jīntiān 오늘 – 明天 míngtiān 내일

○ **天气** tiānqì 날씨

天气 tiānqì는 今天 jīntiān의 수식을 받아 '오늘 날씨가'라는 뜻으로 해석되었고, 주어로 쓰였어요. 중국어에서는 주어 뒤나 목적어 뒤에 붙는 '은', '는', '이', '가', '을', '를'이 따로 없기 때문에 문맥에 맞게 자연스럽게 해석해 주세요!

○ **怎么样** zěnmeyàng 어때요

상대방에게 의견을 물어보고 싶다면, 간단하게 의문대사 怎么样 zěnmeyàng으로 표현해 보세요. '어때요?'라고 자연스럽게 해석하면 됩니다!

 단어정리

今天 jīntiān 몡 오늘
天气 tiānqì 몡 날씨
怎么样 zěnmeyàng
　대 어떠하다

02

MP3_11_02

한송

아 와이미엔 콰이야오 씨아위 러
À, wàimian kuàiyào xiàyǔ le.
啊, 外面 快要 下雨 了。
아 밖 곧 ~하려고 하다 비가 내리다

아, 밖에 곧 비가 내리려고 해요.

啊 à 아

감탄을 나타내는 감탄사로 문장 앞에 쓰여 놀람을 나타낼 수 있어요.

外面 wàimian 밖

外 wài '밖'이 面 mian '쪽', '면'과 함께 쓰여 장소를 나타내요. 따라서 '안'을 의미하는 里 lǐ와 面 mian이 결합하면 里面 lǐmian '안쪽'이라는 의미가 되겠죠? 문장에서는 밖에 '비가 내리려고 한다'는 것을 말하려고 하므로 外面 wàimian이 주어가 됩니다.

快要……了 kuàiyào……le 곧 ~하려고 하다

快 kuài '곧', 要 yào '~하려고 하다' 즉, 어떠한 상황이 임박했다는 뜻을 나타내는 부사이며, 문장 끝에 변화를 나타내는 조사 了 le와 함께 숙어로 쓰이는 표현이에요. 한 문장으로 외워서 표현해 보세요! 부사는 술어를 수식하기 때문에 동사 下雨 xiàyǔ 앞에 위치합니다.

下雨 xiàyǔ 비가 내리다

下 xià는 '아래'라는 의미도 있지만, 문장에서는 '내리다'라는 의미로 '비' 雨 yǔ와 합쳐져서 '비가 내리다'라는 뜻의 동사로 쓰였어요. 그럼 '눈이 내리다'는 어떻게 말할까요? 똑같이 下 xià와 '눈' 雪 xuě를 합쳐 下雪 xiàxuě라고 표현한답니다.

단어정리

啊 à 갭 아
外面 wàimian 몡 밖, 바깥
快要……了 kuàiyào……le
　　부 곧(머지않아) ~하다
下雨 xiàyǔ 동 비가 내리다

03

리밍

스 마 웡 메이 따이 위산
Shì ma? Wǒ méi dài yǔsǎn.

是吗？ 我 没 带 雨伞。

그래요 　 나 아니다 가지다 우산

MP3_11_03

그래요? 나는 우산을 가지고 있지 않아요.

是吗 shì ma 그래요

'~이다'라는 의미의 동사 是 shì에 의문문을 만드는 조사 吗 ma가 함께 쓰여, '그렇습니까?', '그래요?'라는 반어문이 되었어요. 상대방이 한 말을 다시 한번 확인하고자 할 때 쓰여요.

没 méi ~아니다

没 méi는 이미 발생한 과거의 경험이나 행위에 대한 부정을 나타내요. 문장에서는 '가지다', '지니다'라는 뜻의 带 dài에 没 méi가 쓰여 '가지고 있지 않다'라는 부정 의미로 쓰였어요.

带 dài 가지다

带 dài는 동사로 문장에서 술어 역할을 해요. '지니다', '휴대하다'라는 뜻으로 몸에 무엇을 가지고 다닐 때에 쓰입니다. 带 dài의 목적어로 '우산' 雨伞 yǔsǎn이 쓰였어요.

雨伞 yǔsǎn 우산

雨伞 yǔsǎn은 명사로 문장에서 목적어 역할을 해요. 발음이 한국어 '우산'과 비슷하죠?

단어정리

是 shì 통 ~이다
吗 ma 조 문장 끝에 쓰여
　 의문의 어기를 나타냄
我 wǒ 대 나
没 méi 부 ~아니다
带 dài 통 가지다, 지니다
雨伞 yǔsǎn 명 우산

04

한송

🎧 MP3_11_04

비에	쟈오지	워	찌에	게이	니	바
Bié	zháojí.	Wǒ	jiè	gěi	nǐ	ba.
别	**着急。**	**我**	**借**	**给**	**你**	**吧。**
~하지 마라	조급해하다	나	빌려주다	~에게	당신	

조급해하지 마세요. 내가 당신에게 빌려줄게요.

别 bié ~하지 마라

명령할 때 쓰이는 부사로 명령하려는 동작 앞에 쓰여 '~하지 마라'는 의미를 나타내요.

着急 zháojí 조급하다

着急 zháojí는 '조급해하다', '초초하다'라는 뜻으로 보통은 '~하지 마라'는 뜻의 别 bié 와 함께 쓰여 '조급해하지 마세요'라는 뜻으로 쓰여요.

借 jiè 빌려주다

借 jiè는 동사로 '빌려주다'라는 뜻이에요. 借 jiè 뒤에는 빌려주는 대상이 와야 해요. 즉, '借给 jiè gěi + 대상' 형식으로 '~에게 빌려주다'라는 의미가 돼요.

给 gěi ~에게

给 gěi는 개사로 사람 앞에 쓰여 '~에게'의 의미를 나타내요. 개사로 쓰일 때에는 반드시 뒤에 받는 대상이 나와야 합니다. 문장에서는 给 gěi 뒤에 你 nǐ가 나와 '당신'에게 빌려주는 것을 확인할 수 있습니다.

吧 ba

문장 끝에 쓰여 '추측', '권유' 등을 나타내는 어기조사예요. 문장에서는 우산을 빌려주 겠다고 제의를 하고 있죠? 경성으로 가볍게 발음하세요.

📖 **단어정리**

别 bié 學 ~하지 마라
着急 zháojí 통 조급해하
　다
我 wǒ 때 나
借 jiè 통 빌려주다
给 gěi 개 ~에게
你 nǐ 때 너, 당신
雨伞 yǔsǎn 명 우산
吧 ba 조 추측·권유·명령
　등을 나타내는 어기조사

➡️ 리밍과 한송이가 밖의 날씨 이야기를 하고 있어요.

李明 　今天 天气 怎么样?
　　오늘　날씨　어때요

韩松 　啊, 外面 快要 下雨 了。
　　아　　밖　곧 ~하려고 하다 비가 내리다

李明 　是吗? 我 没 带 雨伞。
　　그래요　나 ~아니다 가지다 우산

韩松 　别 着急。我 借 给 你 吧。
　　~하지 마라 조급해하다 나 빌려주다 ~에게 당신

리밍　　　오늘 날씨가 어때요?

한송　　　아, 밖에 곧 비가 내리려고 해요.

리밍　　　그래요? 나는 우산을 가지고 있지 않아요.

한송　　　조급해하지 마세요. 내가 당신에게 빌려줄게요.

📖단어　🎧MP3_**11_07**

□ □ **今天** jīntiān 몡 오늘

□ □ **天气** tiānqì 몡 날씨

□ □ **怎么样** zěnmeyàng 떼 어떠하다

□ □ **啊** à 갑 아

□ □ **外面** wàimian 몡 밖, 바깥

□ □ **快要……了** kuàiyào……le
　　　　　　　 円 곧(머지않아) ~하다

□ □ **下雨** xiàyǔ 통 비가 내리다

□ □ **是** shì 통 ~이다

□ □ **吗** ma 조 문장 끝에 쓰여 의문의 어기를 나타냄

□ □ **我** wǒ 떼 나

□ □ **没** méi 円 ~아니다

□ □ **带** dài 통 가지다, 지니다

□ □ **雨伞** yǔsǎn 몡 우산

□ □ **别** bié 円 ~하지 마라

□ □ **着急** zháojí 통 조급해하다

□ □ **借** jiè 통 빌려주다

□ □ **给** gěi 개 ~에게

□ □ **你** nǐ 떼 너, 당신

□ □ **吧** ba 조 추측 · 권유 · 명령 등을
　　　　　 나타내는 어기조사

01 🎧 MP3_11_08

오늘 날씨가 어때요?

Jīntiān tiānqì zěnmeyàng?

今天天气怎么样?

zuótiān
① **昨天** 어제

míngtiān
② **明天** 내일

hòutiān
③ **后天** 모레

02 🎧 MP3_11_09

밖에 곧 비가 내리려고 해요.

Wàimian kuàiyào xiàyǔ le.

外面快要下雨了。

xiàxuě
① **下雪** 눈이 내리다

guā dàfēng
② **刮大风** 큰 바람이 불다

dǎshǎn
③ **打闪** 번개치다

03 🎧 MP3_11_10

나는 우산을 가지고 있지 않아요.

Wǒ méi dài yǔsǎn.

我没带雨伞。

qiánbāo
① **钱包** 지갑

jiàocái
② **教材** 교재

yàoshi
③ **钥匙** 열쇠

04 🎧 MP3_11_11

조급해하지 마세요.

Bié zháojí.

别着急。

jǐnzhāng
① **紧张** 긴장하다

wàngjì
② **忘记** 잊어버리다

chídào
③ **迟到** 늦다

1 녹음을 듣고 해당하는 박스에 성조를 표시해 보세요. 🎧 MP3_11_12

1 外面 waimian

2 是吗 shi ma

3 下雨 xiayu

4 着急 zhaoji

2 본문에서 배운 내용을 참고하여 빈칸에 알맞은 한어병음과 중국어를 써 보세요.

Jīntiān tiānqì   ?

今天天气   ?

À, wàimian   xiàyǔ   .

啊，外面   下雨   。

Shì ma? Wǒ méi dài   .

是吗？我没带   。

        zháojí. Wǒ   gěi nǐ   .

        着急。我   给你   。

带 dài 지니다

사실 带 '띠 대'자는 재미있는 글자입니다. 사물의 모습을 그대로 본뜬 상형문자
이기 때문이죠.

그러면 대체 무엇을 본뜬 글자일까요? '띠'를 의미하는 带 dài는 옷에 둘렀던 고
대의 장신구나 허리띠의 모습을 본뜬 글자예요. 带 dài는 펄럭거리는 옷의 모양
을 잡아 주는 장신구이자 허리띠였기 때문에 항상 허리에 차고 다니는 물건이었
습니다.

그래서 带 dài자에는 '두르다', '차다', '데리고 있다'라는 뜻이 있는 것이에요.

带 dài의 번체자는 帶로 쓰는데 상단에 있는 卅모양은 허리춤에 두르던 장신구
나 허리띠의 모습을 본뜬 것이고 하단에 있는 冖 '멱'자는 '덮다', 巾 '건'자는 '천'
즉 '옷'을 의미합니다.

12 길을 물어봐요.

 학습목표

- 위치 묻고 대답하기
- 대중교통 이용하기

복습 다음을 해석해 보세요. 정답 271p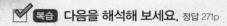

□ 今天天气怎么样?

□ 啊，外面快要下雨了。

□ 是吗? 我没带雨伞。

□ 别着急。我借给你吧。

동영상 강의 보기

01

한송

칭원   취   티엔안먼 전머   조우
Qǐngwèn, qù Tiān'ānmén zěnme zǒu?

请问，去 天安门 怎么 走?
여쭙다   가다   천안문 광장   어떻게   가다

MP3_12_01

말씀 좀 여쭙겠습니다. 천안문 광장은 어떻게 가나요?

请问 qǐngwèn 여쭙다

앞에서도 이미 설명했지만 请问 qǐngwèn은 '말씀 좀 여쭙겠습니다'라는 뜻으로 상대에게 질문을 하기 전에 사용하는 관용적인 표현이에요.

去 qù 가다

去 qù는 '가다'라는 뜻의 동사로, 뒤에 목적지가 나와 그 목적지로 '가다'라는 뜻입니다.

天安门 Tiān'ānmén 천안문 광장

天安门 Tiān'ānmén은 중국의 수도인 베이징시 중심에 있는 광장이에요. 보통은 '천안문 광장'이라고 말해야 하지만 이곳은 모두가 잘 알고 있는 장소이기 때문에 간단하게 '천안문'이라고 말해도 돼요.

怎么 zěnme 어떻게

怎么 zěnme는 '어떻게'라는 뜻을 가진 의문대사입니다. 단독으로 '어떻게', '어째서', '왜'라는 의문의 의미로 쓰이기도 하며, 뒤에 '가다'라는 동사 走 zǒu와 결합하여 이동 방법을 물어보는 의문의 의미로 쓰였어요.

단어정리

请问 qǐngwèn 图 말씀
  좀 여쭙겠습니다, 실
  례합니다
去 qù 图 가다
天安门 Tiān'ānmén
    圐 천안문 광장
怎么 zěnme 때 어떻게
走 zǒu 图 가다

走 zǒu 가다

'가다'라는 동사는 去 qù 외에도 走 zǒu가 있습니다. 천안문에 가는 방법을 묻기 위해 怎么 zěnme 뒤에 쓰였어요.

02

MP3_ **12_02**

행인

니 데이 쭈어 꽁꽁 치쳐 취
Nǐ děi zuò gōnggòng qìchē qù.
你 得 坐 公共汽车 去。
당신 ~해야 한다 타다 버스 가다

당신은 버스를 타고 가야 해요.

○ **得** děi ~해야 한다

得 děi에는 두 가지 발음이 있어요. dé로 발음할 때는 '얻다', '획득하다'라는 의미의 동사지만, děi로 발음할 때는 '~해야 한다'는 의미의 조동사예요. 문장에서는 děi로 발음하면서 '당신은 버스를 타야 한다'는 뜻으로 해석합니다.

○ **坐** zuò 타다

비행기나 기차처럼 앉아서 가는 교통수단을 탈 때 坐 zuò '타다'를 사용해요.

🔍 坐 zuò는 본래 '앉다'라는 뜻으로도 사용돼요.

○ **公共汽车** gōnggòng qìchē 버스

公共汽车 gōnggòng qìchē라고 부르기 때문에 직역하면 '대중교통'이라고 해석되지만 일반적으로는 '버스'를 의미해요. 요즘은 公共汽车 gōnggòng qìchē 대신 巴士 bāshì라고도 부르고 있으니, 이 용어도 알아 두면 좋겠죠?

○ **去** qù 가다

문장에서의 去 qù는 '버스' 公共汽车 gōnggòng qìchē라는 수단을 이용해서 '가다'라는 뜻으로 쓰였어요.

📚 **단어정리**
你 nǐ 대 너, 당신
得 děi 조통 ~해야 한다
坐 zuò 통 (탈것에) 타다
公共汽车
　　gōnggòng qìchē
　　명 버스
去 qù 통 가다

03

한송

— ` ` ` ˇ
쳐짠 짜이 나알
Chēzhàn zài nǎr?

车站 在 哪儿?

정거장 ～에 있다 어디

정거장은 어디에 있죠?

MP3_12_03

车站 chēzhàn 정거장

站 zhàn은 '서다'라는 뜻이에요. 그래서 车站 chēzhàn은 '차가 서는 곳' 즉, '정거장'을 의미합니다. 公共汽车 gōnggòng qìchē와 결합하여 公共汽车站 gōnggòng qìchē zhàn이라고도 하지만 일반적으로는 줄여서 车站 chēzhàn이라고 해요.

> 그러면 기차역은 어떻게 말할까요? 중국에서 기차는 汽车 qìchē가 아닌 火车 huǒchē라고 부르기 때문에 기차역은 火车站 huǒchēzhàn입니다.

在 zài ～에 있다

CHAPTER 6에서 배웠던 개사 在 zài를 기억하시나요? 개사 在 zài는 '～에서'로 쓰였지만 이번 문장에서의 在 zài는 동사로 '～에 존재하다'라는 뜻으로 쓰였어요. 在 zài는 주로 사람이나 사물의 위치를 나타내기 때문에 문장에서 장소를 물어보는 의문대사 哪儿 nǎr과 함께 쓰였습니다.

哪儿 nǎr 어디

CHAPTER 6에서 개사 在 zài와 등장했던 哪儿 nǎr과 같은 의미의 '어디'라는 의문대사입니다. 즉, 동사 在 zài와 함께 쓰일 때는 '어디에 있나요?'라는 뜻으로 쓰입니다.

📖 단어정리

车站 chēzhàn
　　　명 정거장
在 zài 동 ～에 있다
哪儿 nǎr 대 어디

04

MP3_12_04

행인

왕 치엔 조우 따오 스쯔 루코우 찌우 따오 러
Wǎng qián zǒu, dào shízì lùkǒu jiù dào le.
往 前 走, 到 十字路口 就 到 了。
~를 향해 앞 걷다 도착하다 사거리 바로 도착하다

앞을 향해 걷다가 사거리에 도착하면 바로 도착할 거예요.

往前走 wǎng qián zǒu 앞을 향해 걷다

往 wǎng은 '~를 향해' 前 qián은 '앞', 走 zǒu는 '걷다'라는 뜻이기 때문에 往前走 wǎng qián zǒu는 '앞을 향해 걷다'라는 뜻이 됩니다.

到 dào 도착하다

到 dào가 동사로 쓰일 때에는 '도착하다'나 '도달하다'의 뜻이에요. 어느 장소에 '도착하다'로 쓰일 때는 보통 到 dào 뒤에 장소를 언급합니다.

十字路口 shízì lùkǒu 사거리

십자 모양을 한자로 표기하면 十字 shízì예요. 중국인들은 이것을 사거리로 표시한답니다. 그래서 '사거리'를 十字路口 shízì lùkǒu라고 합니다.

就 jiù 바로

就 jiù가 부사로 쓰여 '곧', '바로'란 의미로 짧은 시간 내에 목적이 이루어짐을 나타내면서 문장 마지막에 了 le를 동반해요.

📚 단어정리

往 wǎng 개 ~를 향해
前 qián 명 앞
走 zǒu 동 걷다
到 dào 동 도착하다
十字路口 shízì lùkǒu
　　　　명 사거리
就 jiù 부 곧, 바로
了 le 조 완료를 나타내는
　　조사

到 dào 도착하다

'도착하다'란 의미를 나타내며, 앞에 就 jiù와 함께 '바로 도착하다'라고 해석해요.

➡️ 한송이가 천안문을 가기 위해 행인에게 길을 물어보고 있어요.

韩松
여쭙다 / 가다 / 천안문 광장 / 어떻게 / 가다
请问，去 天安门 怎么 走?

병음 써 보기

行人
당신 / ～해야 한다 / 타다 / 버스 / 가다
你 得 坐 公共汽车 去。

韩松
정거장 / ～에 있다 / 어디
车站 在 哪儿?

行人
～를 향해 / 앞 / 걷다 / 도착하다 / 사거리 / 바로 / 도착하다
往 前 走，到 十字路口 就 到 了。

한송	말씀 좀 여쭙겠습니다. 천안문 광장은 어떻게 가나요?
행인	당신은 버스를 타고 가야 해요.
한송	정거장은 어디에 있죠?
행인	앞을 향해 걷다가 사거리에 도착하면 바로 도착할 거예요.

📖 단어 🎧 MP3_**12_07**

□ □ **请问** qǐngwèn 통 말씀 좀 여쭙겠습니다, 실례합니다

□ □ **去** qù 통 가다

□ □ **天安门** Tiān'ānmén 명 천안문 광장

□ □ **怎么** zěnme 대 어떻게

□ □ **走** zǒu 통 가다

□ □ **你** nǐ 대 너, 당신

□ □ **得** děi 조통 ~해야 한다

□ □ **坐** zuò 통 (탈것에) 타다

□ □ **公共汽车** gōnggòng qìchē 명 버스

□ □ **车站** chēzhàn 명 정거장

□ □ **在** zài 통 ~에 있다

□ □ **哪儿** nǎr 대 어디

□ □ **往** wǎng 개 ~를 향해

□ □ **前** qián 명 앞

□ □ **走** zǒu 통 걷다

□ □ **到** dào 통 도착하다

□ □ **十字路口** shízì lùkǒu 명 사거리

□ □ **就** jiù 부 곧, 바로

□ □ **了** le 조 완료를 나타내는 조사

01 🎧 MP3_**12**_08

말씀 좀 여쭙겠습니다. 천안문 광장은 어떻게 가나요?

Qǐngwèn　　qù Tiān'ānmén zěnme zǒu?

请问，去天安门怎么走?

kāfēitīng
① **咖啡厅** 커피숍

gōngyuán
② **公园** 공원

cāntīng
③ **餐厅** 식당

02 🎧 MP3_**12**_09

당신은 버스를 타고 가야 해요.

Nǐ děi zuò gōnggòng qìchē qù.

你得坐公共汽车去。

bāshì
① **巴士** 버스

díshì
② **的士** 택시

huǒchē
③ **火车** 기차

03 🎧 MP3_**12_10**

정거장은 어디에 있죠?

Chēzhàn zài   nǎr?

车站在哪儿?

yóujú
① **邮局** 우체국

fàndiàn
② **饭店** 호텔

yínháng
③ **银行** 은행

04 🎧 MP3_**12_11**

앞을 향해 걷다가 사거리에 도착하면 바로 도착할 거예요.

Wǎng qián zǒu, dào   shízì lùkǒu   jiù dào le.

往前走，到**十字路口**就到了。

hónglǜdēng
① **红绿灯** 신호등

bānmǎxiàn
② **斑马线** 횡단보도

chāoshì
③ **超市** 슈퍼마켓

1 녹음을 듣고 해당하는 박스에 성조를 표시해 보세요. 🎧 MP3_12_12

1   怎么 zenme

2   车站 chezhan

3   往 wang

4   十字路口 shizi lukou

2 본문에서 배운 내용을 참고하여 빈칸에 알맞은 한어병음과 중국어를 써 보세요.

Qǐngwèn,   Tiān'ānmén zěnme   ?

请问，   天安门怎么   ?

Nǐ děi   gōnggòng qìchē   .

你得   公共汽车   。

    zài nǎr?

    在哪儿?

    qián zǒu,   shízì lùkǒu   dào le.

    前走，   十字路口   到了。

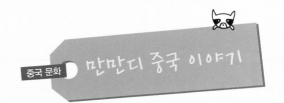

잰말놀이

십 단위를 말할 때는 十 shí라고 발음합니다. 이때는 혀끝을 말아 입천장에서 살짝 떼는 발음을 해야 하는데요. 이것을 '권설음'이라고 해요. 우리말에는 없는 발음이기 때문에 중국어를 배울 때 꼭 습득해야 합니다. 만약 발음을 정확하게 하지 못하면 숫자 '4' 四 sì의 발음이 나오니 주의하도록 하세요.

이렇게 발음이 정확하지 않으면 중국인들은 말한 사람의 의도와는 다르게 해석할 수도 있습니다.

◉ 중국판 잰말놀이 (绕口令)

sì shì sì, shí shì shí   四是四，十是十

shí sì shì shí sì, sì shí shì sì shí   十四是十四，四十是四十

CHAPTER

전화번호를 물어봐요.

📖 학습목표

- ■ '여보세요' 표현 익히기
- ■ 전화번호 묻고 대답하기

 복습 다음을 해석해 보세요. 정답 271p

☐ 请问，去天安门怎么走?

☐ 你得坐公共汽车去。

☐ 车站在哪儿?

☐ 往前走，到十字路口就到了。

동영상 강의 보기

01

한송

웨이   왕   시엔셩   짜이 마
Wéi? Wáng xiānsheng zài ma?

喂? 王 先生 在 吗?
여보세요   왕   선생님   있다

MP3_**13**_**01**

여보세요? 왕 선생님 계세요?

○ **喂** wéi 여보세요

감탄사 喂 wéi는 '여보세요'라고 전화를 받을 때 말하는 표현이에요.

> 喂 wéi는 2성, 4성 두 가지 발음이 있어요. 보통 위의 문장처럼 전화를 받을 때에는 2성으로 말하고, '여기요'라고 누군가를 부를 때에는 4성으로 말합니다.

○ **王先生** Wáng xiānsheng 왕 선생님

先生 xiānsheng은 중국에서 주로 성인 남성에 대한 경칭으로 사용되며, 해석은 '~선생님', '~씨'로 해요. 문장에서는 주어로 쓰였습니다.

○ **在** zài ~에 있다

在 zài는 사람이나 사물이 '~에 있다'라는 뜻의 동사예요. 문장에서는 사람이 있는 것을 의미하므로 '존재하다'는 의미로 생각하면 됩니다. 중국어는 높임 표현이 없지만 '계세요'라고 자연스럽게 해석하면 돼요.

📖 **단어정리**

喂 wéi 같 여보세요
先生 xiānsheng 명 선생님. (성인 남자에 대한 경칭) 씨
在 zài 동 ~에 있다
吗 ma 조 문장 끝에 쓰여 의문의 어기를 나타냄

02

직원

타 시엔짜이 부 짜이
Tā xiànzài bú zài.

他 现在 不 在。

그 지금 아니다 있다

🎧 MP3_13_02

그는 지금 안 계세요.

○ **他** tā 그

사람 人 rén자가 들어간 他 tā는 '남성'에게 사용되고 女자가 들어간 她 tā는 '여성'에게만 사용해요. 둘 다 사람을 지칭하는 인칭대사이고, 문장에서 他 tā는 '그'라고 자연스럽게 해석하면 됩니다.

○ **现在** xiànzài 지금

现在 xiànzài는 '지금'이나 '현재'와 같이 말을 하고 있는 시점을 의미하는 명사입니다.

○ **不在** bú zài 없다

부정부사 不 bù가 술어 在 zài 앞에 쓰여 '존재하지 않다'는 부정문이 되었어요. 不在 bú zài가 사람에게 사용될 때는 '자리에 없다'는 의미로 해석됩니다.

🔦 不 bù 뒤에 在 zài 4성이 와서 不 bù가 2성으로 변했어요.

 단어정리

他 tā 때 그
现在 xiànzài 뗑 지금
不 bù 분 아니다
在 zài 통 ~에 있다

03

한송

칭 까오수 워 타 더 쇼우지 하오마
Qǐng gàosu wǒ, tā de shǒujī hàomǎ.

请 告诉我，他的手机号码。

청하다 알려 주다 나 그 ~의 휴대전화 번호

🎧 MP3_**13**_**03**

나에게 그의 휴대전화 번호를 알려 주세요.

○ **请** qǐng 청하다

请 qǐng은 상대에게 무언가를 부탁하거나 정중한 표현을 할 때 쓰이는 관용적 표현이에요. 请 qǐng이 들어간 문장은 우리말 높임 표현과 영어의 please 정도 역할로 생각하여 '~해 주세요'로 해석하면 됩니다.

○ **告诉我** gàosu wǒ 나에게 알려 주다

告诉 gàosu는 '말하다', '알리다'라는 뜻을 가진 동사로, 알려야 하는 대상이 뒤에 와요. 즉, '주어 + 告诉 gàosu + 대상' 형식에서 주어 你 nǐ '당신'이 생략된 것이고 대상은 我 wǒ가 쓰여 '나에게 알려 주다'라는 의미의 문장이에요.

○ **他的** tā de 그의

인칭대사 他 tā 뒤에 조사 的 de가 위치해 휴대전화의 소유자를 나타내고 있어요. 즉, 他的 tā de '그의 (것)'이라는 의미입니다.

○ **手机** shǒujī 휴대전화

手机 shǒujī는 手 shǒu '손'과 机 jī '기계'를 뜻하는 단어가 합쳐져 생긴 단어예요.

📖 **단어정리**

请 qǐng 통 청하다
告诉 gàosu 통 알리다
我 wǒ 때 나
他 tā 때 그
的 de 조 ~의
手机 shǒujī 명 휴대전화
号码 hàomǎ 명 번호

○ **号码** hàomǎ 번호

号码 hàomǎ는 '번호'라는 뜻이지만 상황에 따라서는 '숫자'나 '사이즈'를 의미하기도 합니다.

04

칭 샤오 덩   타 더 쇼우지   하오마 스 야오 싼 빠

Qǐng shāo děng. Tā de shǒujī hàomǎ shì yāo sān bā….

직원 **请 稍 等。他 的 手机 号码 是 138….**

청하다 잠시 기다리다 그 ~의 휴대전화 번호 ~이다 138~

잠시만요. 그의 휴대전화 번호는 138~이에요.

稍 shāo 잠시

稍 shāo는 '잠시'라는 뜻의 부사로 동사 等 děng 앞에 쓰여 수식을 하고 있어요.

等 děng 기다리다

'기다리다' 等 děng은 문장에서 동사로 쓰였어요. 일반적으로는 어떤 일을 부탁할 때 请稍等 qǐng shāo děng '잠시 기다려 주세요'라고 정중하게 표현합니다.

是 shì ~이다

是 shì는 '~이다'라는 의미로 동사의 역할을 해요. 'A 是 B' 구조로 'A는 B이다'라고 해석을 합니다. 문장에서는 '휴대전화 번호는 138~이에요'를 나타내기 위해 쓰였어요.

138 yāo sān bā 138

한국의 휴대전화 번호가 '010'으로 통일되어 있지만 중국은 '130', '150', '170' 등의 앞 번호가 다양하게 쓰이고 있습니다. 인구도 많고 휴대전화 사용자가 많이 늘어서 그런 것 아닐까요? 중국에서는 전화번호나 집 주소를 말할 때 숫자 1은 yī가 아닌 yāo라고 발음하는데, 이유는 숫자 '7'의 qī와 발음이 헷갈릴 수 있기 때문이에요.

단어정리

请 qǐng 통 청하다
稍 shāo 부 잠시
等 děng 통 기다리다
他 tā 대 그
的 de 조 ~의
手机 shǒujī 명 휴대전화
号码 hàomǎ 명 번호
是 shì 통 ~이다

➡️ 한송이가 직원에게 전화를 해서 왕 선생님의 휴대전화 번호를 물어보고 있어요.

韩松　여보세요　왕　선생님　있다
喂? 王 先生 在 吗?

职员　그　지금　아니다　있다
他 现在 不 在。

韩松　청하다 알려 주다　나　그　~의　휴대전화　번호
请 告诉 我, 他 的 手机 号码。

职员　청하다 잠시 기다리다　그　~의　휴대전화　번호　~이다　138~
请 稍 等。他 的 手机 号码 是 138…。

한송　여보세요? 왕 선생님 계세요?

직원　그는 지금 안 계세요.

한송　나에게 그의 휴대전화 번호를 알려 주세요.

직원　잠시만요. 그의 휴대전화 번호는 138~이에요.

단어 🎧 MP3_**13_07**

☐☐ 喂 wéi 괍 여보세요

☐☐ 先生 xiānsheng 몡 선생님, (성인 남자에 대한 경칭) 씨

☐☐ 在 zài 통 ~에 있다

☐☐ 吗 ma 죄 문장 끝에 쓰여 의문의 어기를 나타냄

☐☐ 他 tā 때 그

☐☐ 现在 xiànzài 몡 지금

☐☐ 不 bù 뮈 아니다

☐☐ 请 qǐng 통 청하다

☐☐ 告诉 gàosu 통 알리다

☐☐ 我 wǒ 때 나

☐☐ 的 de 죄 ~의

☐☐ 手机 shǒujī 몡 휴대전화

☐☐ 号码 hàomǎ 몡 번호

☐☐ 稍 shāo 뮈 잠시

☐☐ 等 děng 통 기다리다

☐☐ 是 shì 통 ~이다

01 🎧 MP3_13_08

여보세요? 왕 선생님 계세요?

Wéi?　Wáng xiānsheng zài ma?

喂？王先生在吗？

Jīn jiàoshòu
① **金教授** 김 교수

Lǐ xiǎojiě
② **李小姐** 이 아가씨

Wáng shīfù
③ **王师傅** 왕 아저씨

02 🎧 MP3_13_09

그는 지금 안 계세요.

Tā xiànzài bú zài.

他现在不在。

lǎobǎn
① **老板** 사장

zhǔrén
② **主人** 주인

fùzérén
③ **负责人** 책임자

03 🎧 MP3_**13**_**10**

나에게 그의 휴대전화 번호를 알려 주세요.

Qǐng gàosu wǒ,　 tā de shǒujī hàomǎ.
请告诉我，他的手机号码。

nǚpéngyou de
① 女朋友的 여자친구의

nánpéngyou de
② 男朋友的 남자친구의

àiren de
③ 爱人的 애인의

 Tip

爱人 àiren은 '애인' 외에도 여자 입장에서는 '남편', 남자 입장에서는 '아내'라는 뜻이 있어요.

04 🎧 MP3_**13**_**11**

그의 휴대전화 번호는 138~이에요.

Tā de shǒujī hàomǎ shì yāo sān bā···.
他的手机号码是138···。

fángjiān
① 房间 방

chuánzhēn
② 传真 팩스

hùzhào
③ 护照 여권

1 녹음을 듣고 해당하는 박스에 성조를 표시해 보세요. MP3_13_12

1 喂 wei

2 不在 bu zai

3 告诉 gaosu

4 号码 haoma

2 본문에서 배운 내용을 참고하여 빈칸에 알맞은 한어병음과 중국어를 써 보세요.

Wéi? Wáng xiānsheng ⬜⬜⬜ ma?

喂？王先生 ⬜⬜⬜ 吗？

⬜⬜⬜ xiànzài bú zài.

⬜⬜⬜ 现在不在。

⬜⬜⬜ gàosu wǒ, tā de shǒujī ⬜⬜⬜.

⬜⬜⬜ 告诉我，他的手机 ⬜⬜⬜。

Qǐng ⬜⬜⬜ děng. Tā de shǒujī hàomǎ shì yāo sān bā….

请 ⬜⬜⬜ 等。他的手机号码是138…。

숫자읽기

중국은 지역도 넓고 방언도 많습니다. 그런데 지역 사투리를 의미하는 '방언'이라는 것이 우리하고는 스케일이 달라서, 같은 중국어지만 말이 통하질 않아요. 예를 들면 한국어와 일본어 정도의 차이라고 할까요?

심지어 같은 '성' 省 shěng 내에도 방언이 있어서 의사소통에 어려움이 생기기도 합니다. 우리에게도 잘 알려진 손으로 숫자를 표시하는 방법이 고안된 것도 바로 이러한 이유 때문이에요.

손 숫자 외에도 숫자를 읽는 방법이 조금 독특합니다. 앞에서 배운 것처럼 전화번호나 집 주소를 말할 때의 숫자 1을 읽는 방법이 다른 것만 봐도 알 수 있겠죠?

CHAPTER 14

경험을 물어봐요.

📖 **학습목표**

- 경험 묻고 대답하기
- '～하기도 하고 ～하기도 하다' 표현 익히기

 ✅ **복습** 다음을 해석해 보세요. 정답 271p

☐ 喂? 王先生在吗?

☐ 他现在不在。

☐ 请告诉我，他的手机号码。

☐ 请稍等。他的手机号码是138…。

동영상 강의 보기

01

한송

니 취 꾸어 창청 마
Nǐ qù guo Chángchéng ma?

你 去 过 长城 吗?

당신 가다 ~한 적이 있다 만리장성

당신은 만리장성에 가 본 적이 있나요?

MP3_14_01

去 qù

去 qù는 '가다'라는 동작을 나타내는 동사예요.

过 guo ~한 적이 있다

过 guo는 과거 경험의 유무를 묻는 조사로 동사 뒤에 쓰입니다. 때로는 동작의 완료형을 나타내기도 하지만 문장에서는 경험이 있는지를 묻는 의미로 쓰여 경성으로 발음해요. 그래서 去过 qù guo라고 하면 '가 본 적이 있다', '가 봤어요'로 자연스럽게 해석하면 됩니다.

长城 Chángchéng 만리장성

중국에서는 만리장성을 长 cháng '길다', 城 chéng '성' 즉, '긴 성'이라고 해요. 만리장성은 베이징 외에도 산하이관(山海关), 한양(汉阳) 등 다양한 지역에 있어요. 만리장성에 관한 자세한 이야기는 만만디 중국 이야기를 참고하세요.

단어정리

你 nǐ 때 너, 당신
去 qù 통 가다
过 guo 조 ~한 적이 있다
长城 Chángchéng 명
　　만리장성
吗 ma 조 문장 끝에 쓰여
　　의문의 어기를 나타냄

02

리밍

MP3 _ **14_02**

땅란	워	취	꾸어	싼	츠
Dāngrán.	Wǒ	qù	guo	sān	cì.
当然。	我	去	过	三	次。
당연하다	나	가다	~한 적이 있다	세	번

당연하죠. 나는 세 번 가 봤어요.

当然 dāngrán 당연하다

当然 dāngrán은 당연함을 표현하는 형용사로 단독으로 사용할 수 있어요. 우리말로는 '당연하지' 또는 '물론이야'의 뜻으로 쓰입니다.

三次 sān cì 세 번

三 sān은 숫자 '3'을 의미하고, 次 cì는 '번', '회'의 의미로 동작을 세는 단위인 양사예요. 문장에서는 만리장성에 간 동작 즉, 去 qù의 횟수를 나타내기 위해 쓰였습니다.

📖 단어정리

当然 dāngrán
　　형 당연하다
我 wǒ 대 나
去 qù 동 가다
过 guo 조 ~한 적이 있다
三 sān 수 3
次 cì 양 차례, 번, 회

03

MP3_14_03

창청   더   펑징   전머양
Chángchéng de fēngjǐng zěnmeyàng?

한송 **长城   的 风景 怎么样?**

만리장성 ~의 풍경   어때요

만리장성의 풍경은 어때요?

○ **长城的** Chángchéng de 만리장성의
조사 的 de로 长城 Chángchéng이 주어 风景 fēngjǐng을 수식하여 '만리장성의'라는 뜻이 되었어요.

○ **风景** fēngjǐng 풍경
风景 fēngjǐng은 '풍경'이나 '경치'를 뜻하는 명사로 문장에서 주어 역할을 하고 있어요.

○ **怎么样** zěnmeyàng 어때요
의문대사 怎么样 zěnmeyàng은 '어떻다', '어떠하다'의 뜻으로 문장을 의문문으로 만들며, 문장에서의 위치는 마지막에 쓰였습니다.

📖 단어정리
长城 Chángchéng 명 만리장성
的 de 조 ~의
风景 fēngjǐng 명 풍경
怎么样 zěnmeyàng 대 어떠하다

04

MP3_14_04

쩐	부 추어	요우	홍웨이	요우	쭈왕관
Zhēn	bú cuò.	Yòu	hóngwěi	yòu	zhuàngguān.

리밍 真 不错。 又 宏伟 又 壮观。

정말　좋다　～하기도 하고 웅장하다 ～하기도 하다 장관이다

정말 좋아요. 웅장하면서도 장관이에요.

真 zhēn 정말

真 zhēn은 '정말로', '확실히'란 의미의 부사로 술어 不错 bú cuò 앞에 쓰여 수식하고 있어요.

不错 bú cuò 좋다

不错 bú cuò는 재미있는 말 중에 하나입니다. 중국어로 错cuò는 '틀리다'라는 뜻이기에 이를 부정하는 不错 bú cuò는 '틀리지 않다'로 해석돼요. '틀리지 않다', 다시 말해 '맞다', '옳다'라는 의미에서 점점 파생되어 '좋다', '괜찮다'라는 뜻으로도 쓰입니다.

又……又…… yòu…… yòu…… ～하기도 하고 ～하다

부사 又 yòu는 단독으로 쓰일 때 '다시', '또'라는 의미를 가지지만 '又 yòu + 형용사 + 又 yòu + 형용사' 형식으로 쓰일 때는 '～하기도 하면서 ～하기도 하다'라고 해석해요.

宏伟 hóngwěi 웅장하다

宏伟 hóngwěi는 형용사로 건축물의 규모가 웅장하거나 기세가 굉장한 것을 표현해요.

壮观 zhuàngguān 장관이다

壮观 zhuàngguān은 형용사로 경관이 훌륭하고 장대한 것을 표현해요.

단어정리

真 zhēn ㉘ 확실히
不错 bú cuò
　　㉗ 좋다, 괜찮다
又……又…… yòu……yòu……
　　㉘ ～하기도 하고
　　～하기도 하다
宏伟 hóngwěi ㉗ 웅장
　　하다
壮观 zhuàngguān ㉗
　　장관이다

➡️ 한송이가 리밍에게 만리장성에 대해 물어보고 있어요.

韩松

당신　가다　～한 적이 있다　만리장성

你 去　过　长城 吗?

병음 써 보기

李明

당연하다　나　가다　～한 적이 있다　세　번

当然。我 去　过　三 次。

韩松

만리장성　～의　풍경　어때요

长城 的 风景 怎么样?

李明

정말　좋다　～하기도 하고　웅장하다　～하기도 하다　장관이다

真 不错。又　宏伟　又　壮观。

한송　　당신은 만리장성에 가 본 적이 있나요?

리밍　　당연하죠. 나는 세 번 가 봤어요.

한송　　만리장성의 풍경은 어때요?

리밍　　정말 좋아요. 웅장하면서도 장관이에요.

🎧 MP3_14_07

📖단어

01 🎧 MP3_14_08

당신은 만리장성에 가 본 적이 있나요?

Nǐ qù guo Chángchéng ma?

你去过长城吗?

Gùgōng
① 故宫 고궁

Yíhéyuán
② 颐和园 이화원

Tiāntán gōngyuán
③ 天坛公园 천단공원

02 🎧 MP3_14_09

당연하죠. 나는 세 번 가 봤어요.

Dāngrán. Wǒ qù guo sān cì.

当然。我去过三次。

kàn guo
① 看过 본 적이 있다

chī guo
② 吃过 먹은 적이 있다

tīng guo
③ 听过 들은 적이 있다

03 🎧 MP3_**14**_**10**

만리장성의 풍경은 어때요?

Chángchéng de fēngjǐng zěnmeyàng?

长城的风景怎么样?

Huángshān
① **黄山** 황산

Tàishān
② **泰山** 태산

Xīhú
③ **西湖** 서호

04 🎧 MP3_**14**_**11**

정말 좋아요.　　웅장하면서도 장관이에요.

Zhēn bú cuò.　　Yòu hóngwěi yòu zhuàngguān.

真不错。又宏伟又壮观。

hǎo
① **好** 좋다

piàoliang
② **漂亮** 예쁘다

jīng
③ **惊** 놀랍다

piányi
① **便宜** 싸다

cōngming
② **聪明** 똑똑하다

xǐ
③ **喜** 기쁘다

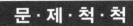

1 녹음을 듣고 해당하는 박스에 성조를 표시해 보세요. 🎧 MP3_14_12

1 长城 Changcheng

2 当然 dangran

3 不错 bu cuo

4 宏伟 hongwei

2 본문에서 배운 내용을 참고하여 빈칸에 알맞은 한어병음과 중국어를 써 보세요.

Nǐ qù ___ Chángchéng ma?

你去 ___ 长城吗?

Dāngrán. Wǒ qù guo sān ___ .

当然。我去过三 ___ 。

Chángchéng de ___ zěnmeyàng?

长城的 ___ 怎么样?

Zhēn búcuò. ___ hóngwěi ___ zhuàngguān.

真不错。___ 宏伟 ___ 壮观。

만리장성

长城 Chángchéng은 세계 7대 불가사의라고 불릴 정도로 성이 길어요. 중국에서는 만리장성이라고 하지 않고 그냥 '긴 성'이라는 뜻으로 长城 Chángchéng 이라고 해요. 중국의 동서를 가르는 만리장성은 지도에 나타난 길이만 해도 2,700km에 이릅니다. 만리(萬里)의 길이가 4,000km이니 실제로는 만리가 되지 않네요. 그렇지만 중간에 갈라져 나온 성벽까지 합치면 6,400km에 이르니 이렇게 계산하면 만리가 넘기도 합니다. 지구의 반지름이 6,400km인 걸 보면 만리장성의 길이가 정말 어마어마한 것을 실감할 수 있겠죠! 하지만 만리장성은 너무 길기 때문에 일부 관광지를 제외하고는 폐허처럼 변한 곳이 많습니다.

CHAPTER 11

Jīntiān tiānqì zěnmeyàng?
- 今天天气怎么样?

오늘 날씨가 어때요?

À, wàimian kuàiyào xiàyǔ le.
- 啊，外面快要下雨了。

아, 밖에 곧 비가 내리려고 해요.

Shì ma? Wǒ méi dài yǔsǎn.
- 是吗? 我没带雨伞。

그래요? 나는 우산을 가지고 있지 않아요.

Bié zháojí. Wǒ jiè gěi nǐ ba.
- 别着急。我借给你吧。

조급해하지 마세요. 내가 당신에게 빌려줄게요.

CHAPTER 12

Qǐngwèn, qù Tiān'ānmén zěnme zǒu?
- 请问，去天安门怎么走?

말씀 좀 여쭙겠습니다. 천안문 광장은 어떻게 가나요?

Nǐ děi zuò gōnggòng qìchē qù.
- 你得坐公共汽车去。

당신은 버스를 타고 가야 해요.

Chēzhàn zài nǎr?
- 车站在哪儿?

정거장은 어디에 있죠?

Wǎng qián zǒu, dào shízì lùkǒu jiù dào le.
- 往前走，到十字路口就到了。

앞을 향해 걷다가 사거리에 도착하면 바로 도착할 거예요.

CHAPTER 13

Wéi?　　Wáng xiānsheng zài ma?

○ 喂？王先生在吗？

여보세요? 왕 선생님 계세요?

Tā xiànzài bú zài.

○ 他现在不在。

그는 지금 안 계세요.

Qǐng gàosu wǒ,　　tā de shǒujī hàomǎ.

○ 请告诉我，他的手机号码。

나에게 그의 휴대전화 번호를 알려 주세요.

Qǐng shāo děng. Tā de shǒujī hàomǎ shì yāo sān bā….

○ 请稍等。他的手机号码是138…。

잠시만요.　　그의 휴대전화 번호는 138〜이에요.

CHAPTER 14

Nǐ qù guo Chángchéng ma?

○ 你去过长城吗？

당신은 만리장성에 가 본 적이 있나요?

Dāngrán.　　Wǒ qù guo sān cì.

○ 当然。我去过三次。

당연하죠.　　나는 세 번 가 봤어요.

Chángchéng de fēngjǐng zěnmeyàng?

○ 长城的风景怎么样？

만리장성의 풍경은 어때요?

Zhēn bú cuò.　　Yòu hóngwěi yòu zhuàngguān.

○ 真不错。又宏伟又壮观。

정말 좋아요.　　웅장하면서도 장관이에요.

15

좋아하는 운동을 물어봐요.

 학습목표

- 좋아하는 운동 묻고 대답하기
- 제안하기

 복습 다음을 해석해 보세요. 정답 271p

☐ 你去过长城吗?

☐ 当然。我去过三次。

☐ 长城的风景怎么样?

☐ 真不错。又宏伟又壮观。

동영상 강의 보기

01

한송

ㄴ�﹢﹢ 니　시환　선머　윈똥
Nǐ xǐhuan shénme yùndòng?

你 喜欢 什么 运动?

당신　좋아하다　무슨　운동

MP3_15_01

당신은 무슨 운동을 좋아해요?

喜欢 xǐhuan 좋아하다

喜欢 xǐhuan은 '좋아하다', '호감을 가지다'의 뜻을 가진 동사로 일반적으로 자신의 취미나 좋아하는 것을 이야기 할 때 쓰여요. 운동 같은 활동 외에도 사물이나 사람을 좋아한다는 뜻으로도 쓰일 수 있습니다.

什么 shénme 무슨

문장에서 어떠한 종류의 운동인지를 묻기 위해 '무엇', '무슨' 의미의 의문대사 什么 shénme를 运动 yùndòng 앞에 놓아 의문문을 만들었어요.

运动 yùndòng 운동

运动 yùndòng은 스포츠를 뜻하는 명사로 문장에서는 목적어 역할을 하고 있습니다. 동사를 써서 '무슨 운동하는 것을 좋아해요?'라고 묻고 싶으면 '~하다'라는 뜻의 동사 做 zuò를 써서 你喜欢做什么运动? Nǐ xǐhuan zuò shénme yùndòng?이라고 표현할 수 있어요.

운동 종목 : **篮球** lánqiú 농구, **乒乓球** pīngpāngqiú 탁구, **羽毛球** yǔmáoqiú 배드민턴

단어정리

你 nǐ 때 너, 당신
喜欢 xǐhuan 동 좋아하다
什么 shénme 명 무엇
运动 yùndòng 명 운동

216

02

리밍

MP3_15_02

워 시환 티 주치우
Wǒ xǐhuan tī zúqiú.

我 喜欢 踢 足球。

나 좋아하다 차다 축구

나는 축구하는 것을 좋아해요.

踢 tī 차다

踢 tī는 '차다', '발길질하다'의 뜻을 가지고 있어 발로 하는 운동 종목의 동사로 쓰여요.
대표적으로 쓰이는 운동은 축구입니다.

그 외에 손을 사용하는 운동 종목의 동사는 打 dǎ를 씁니다.

[예] 打棒球 dǎ bàngqiú 야구를 하다

打排球 dǎ páiqiú 배구를 하다

打篮球 dǎ lánqiú 농구를 하다

足球 zúqiú 축구

足球 zúqiú를 직역하면 '족구'지만 중국에서는 '축구'라는 뜻으로 사용해요. 질문에서 무
슨 운동을 좋아하는지를 물었기 때문에 단순히 운동 종목만 이야기해도 되지만 문장에
서는 동사 踢 tī를 함께 써서 대답했어요.

🔅 중국어에서 球 qiú 자가 들어가는 운동 종목은 모두 공을 가지고 하는 스포츠입니다!

我 wǒ [대] 나
喜欢 xǐhuan [동] 좋아하다
踢 tī [동] 차다
足球 zúqiú [명] 축구

03

한송

나 워먼 이치 티 주치우 바
Nà wǒmen yìqǐ tī zúqiú ba.

那 我们 一起 踢 足球 吧。

그럼 우리 같이 차다 축구

🎧 MP3_ **15_03**

그럼 우리 같이 축구를 해요.

○ **那** nà 그럼

那 nà가 '그러면', '그렇다면' 의미의 접속사로 쓰여 회화에서 많이 쓰여요. 那么 nàme 도 같은 뜻으로 쓰이니 기억하세요.

○ **我们** wǒmen 우리

1인칭 대사 '나' 我 wǒ와 결합한 们 men은 '~들'이라는 의미로 '복수'를 나타낼 때 쓰여요. 们 men은 他们 tāmen '그들'이나 咱们 zánmen '우리'처럼 인칭대사 뒤에 쓰입니다. 문장에서는 화자와 청자를 모두 지칭하여 我们 wǒmen이라고 했고, 주어 역할을 해요.

○ **一起** yìqǐ 같이

부사로 쓰이는 一起 yìqǐ는 총괄하는 것을 뜻합니다. 그래서 인칭대사와 함께 쓰이면 '모두'나 '함께', '같이'와 같은 뜻을 나타내고 사물과 함께 쓰이면 '합해서'나 '한꺼번에'라는 의미를 가져요.

📖 **단어정리**

那 nà 圖 그럼
我们 wǒmen 떼 우리(들)
一起 yìqǐ 图 함께, 같이
踢 tī 图 차다
足球 zúqiú 圖 축구
吧 ba 죄 추측·권유·명령
　등을 나타내는 어기조사

○ **吧** ba

문장의 맨 끝에 쓰여 '청유', '강요', '권유' 등의 어감을 나타내는 어기조사예요. 문장에서는 '~해요'라는 청유의 의미로 쓰였습니다.

04

MP3_15_04

리밍

하오	워먼	이치	취	윈똥챵	티	주치우	바
Hǎo,	wǒmen	yìqǐ	qù	yùndòngchǎng	tī	zúqiú	ba.

好，我们 一起 去 运动场 踢 足球 吧。

좋다   우리   같이   가다   운동장   차다   축구

좋아요, 우리 같이 운동장에 가서 축구를 해요.

好 hǎo 좋다

好 hǎo는 본래 형용사로 '좋다'라는 뜻이지만 상대방의 의견에 동의할 때는 '그래 좋아' 라는 의미로 문장 제일 앞에 쓰여요.

去 qù 가다

去 qù는 '가다'라는 뜻으로 움직임의 방향을 나타내는 동사입니다. 문장에서는 장소 인 '운동장' 运动场 yùndòngchǎng 앞에 쓰였어요.

运动场 yùndòngchǎng 운동장

우리말도 운동하는 장소를 '운동장'이라고 하죠? 중국어로도 运动场 yùndòngchǎng이라 고 합니다.

去运动场踢足球 qù yùndòngchǎng tī zúqiú 운동장에 가서 축구를 차다

앞에서 나온 문장과 연결해서 추측해 보면, 문맥상 축구를 하기 위해 어딘가를 가자고 해야 합니다. 그래서 문장에서는 운동장에 '가다'와 축구를 '하다'라는 두 개의 동사가 쓰였어요. 이렇게 하나의 주어에 두 개의 동사가 나오는 문장을 중국어에서는 연동문 (连动句 liándòngjù)이라고 해요. 즉, '주어 + 동사 1 + 목적어 + 동사 2 + 목적어'의 문 장 구조를 이룹니다.

단어정리

好 hǎo 형 좋다, 그래
我们 wǒmen 대 우리(들)
一起 yìqǐ 부 함께, 같이
去 qù 동 가다
运动场 yùndòngchǎng
      명 운동장
踢 tī 동 차다
足球 zúqiú 명 축구
吧 ba 조 추측·권유·명령
      등을 나타내는 어기조사

➡️ 한송이가 리밍에게 무슨 운동을 좋아하는지 물어보고 있어요.

韩松
당신 좋아하다 무슨 운동
你 喜欢 什么 运动?

병음 써 보기

李明
나 좋아하다 차다 축구
我 喜欢 踢 足球。

韩松
그럼 우리 같이 차다 축구
那 我们 一起 踢 足球 吧。

李明
좋다 우리 같이 가다 운동장 차다 축구
好, 我们 一起 去 运动场 踢 足球 吧。

한송	당신은 무슨 운동을 좋아해요?
리밍	나는 축구하는 것을 좋아해요.
한송	그럼 우리 같이 축구를 해요.
리밍	좋아요. 우리 같이 운동장에 가서 축구를 해요.

우리 같이
축구를 해요.

📖단어　🎧MP3_15_07

- ☐☐ 你 nǐ 때 너, 당신
- ☐☐ 喜欢 xǐhuan 통 좋아하다
- ☐☐ 什么 shénme 명 무엇
- ☐☐ 运动 yùndòng 명 운동
- ☐☐ 我 wǒ 때 나
- ☐☐ 踢 tī 통 차다
- ☐☐ 足球 zúqiú 명 축구
- ☐☐ 那 nà 젭 그럼
- ☐☐ 我们 wǒmen 때 우리(들)
- ☐☐ 一起 yìqǐ 뷔 함께, 같이
- ☐☐ 吧 ba 조 추측·권유·명령 등을 나타내는 어기조사

- ☐☐ 好 hǎo 혱 좋다, 그래
- ☐☐ 去 qù 통 가다
- ☐☐ 运动场 yùndòngchǎng 명 운동장

01 🎧 MP3_15_08

당신은 무슨 운동을 좋아해요?

Nǐ xǐhuan shénme yùndòng?

你喜欢什么运动?

cài
① 菜 요리

gē
② 歌 노래

diànyǐng
③ 电影 영화

02 🎧 MP3_15_09

나는 축구하는 것을 좋아해요.

Wǒ xǐhuan tī zúqiú.

我喜欢踢足球。

tīng yīnyuè
① 听音乐 음악을 듣다

dú shū
② 读书 책을 읽다

kàn diànshì
③ 看电视 TV를 보다

그럼 우리 같이 축구를 해요.

Nà wǒmen yìqǐ tī zúqiú ba.

那我们一起踢足球吧。

chànggē
① 唱歌 노래 부르다

wánr
② 玩儿 놀다

zǒu
③ 走 가다

좋아요, 우리 같이 운동장에 가서 축구를 해요.

Hǎo, wǒmen yìqǐ qù yùndòngchǎng tī zúqiú ba.

好，我们一起去运动场踢足球吧。

dǎ bàngqiú
① 打棒球 야구를 하다

dǎ páiqiú
② 打排球 배구를 하다

dǎ lánqiú
③ 打篮球 농구를 하다

1 녹음을 듣고 해당하는 박스에 성조를 표시해 보세요. ∩ MP3_15_12

1 喜欢 xihuan

2 足球 zuqiu

3 一起 yiqi

4 运动场 yundongchang

2 본문에서 배운 내용을 참고하여 빈칸에 알맞은 한어병음과 중국어를 써 보세요.

Nǐ xǐhuan shénme 　　　　 ?

你喜欢什么 　　　　 ?

Wǒ xǐhuan 　　　 zúqiú.

我喜欢 　　 足球。

　　　 wǒmen yìqǐ tī zúqiú 　　　 .

　　　 我们一起踢足球 　　 。

Hǎo, wǒmen yìqǐ qù 　　　　 tī zúqiú 　　 .

好，我们一起去 　　　　 踢足球 　　 。

축구팬

중국어로 迷 mí는 '흠뻑 빠지다', '심취하다'의 뜻을 가집니다. 그래서 足球迷 zúqiú mí에는 '축구팬'이라는 의미가 있어요. '축구팬'을 球迷 qiú mí라고도 하지만 球迷 qiú mí는 구기 운동의 '팬' 느낌이 강합니다.

그러면 가수 팬은 무엇일까요? 가수를 좋아하는 사람들은 歌迷 gē mí라고 해요. 그런데 여기에서 말하는 迷 mí는 어떠한 분야의 '팬'이라는 표현만 할 수 있어요. 그래서 요즘은 조금 다른 말을 쓰기 시작했는데요. 바로 粉丝 fěnsī입니다. 사실 粉丝 fěnsī는 '당면'이라는 뜻입니다. 하지만 팬(fans)과 발음이 유사하기 때문에 粉丝 fěnsī를 '팬'의 의미로 쓰기 시작한 거죠.

粉丝 fěnsī는 迷 mí와 다르게 구체적인 대상의 '팬'임을 표현할 수 있어요. 좋아하는 중국 스타를 만나면 我是你的粉丝！Wǒ shì nǐ de fěnsī! '저는 당신의 팬이에요!'라고 말해 보세요.

16 어디가 아픈지 물어봐요.

📖 학습목표

- 불편한 곳 묻고 대답하기
- 진찰 받기

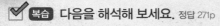

☑️ 복습 다음을 해석해 보세요. 정답 271p

☐ 你喜欢什么运动?

☐ 我喜欢踢足球。

☐ 那我们一起踢足球吧。

☐ 好，我们一起去运动场踢足球吧。

동영상 강의 보기

01

의사

MP3_16_01

Nǐ   nǎr   bù   shūfu?

你 哪儿 不 舒服?

당신   어디   아니다   편안하다

당신은 어디가 아프세요?

哪儿 nǎr 어디

哪儿 nǎr은 '어디'라는 뜻으로 위치를 물어보는 의문대사예요. 위치는 장소가 될 수도 있고 본문에서처럼 몸이 아픈 곳을 의미하기도 합니다.

不舒服 bù shūfu 불편하다

舒服 shūfu는 '편안하다'라는 뜻이 있지만 이를 부정하는 不 bù가 함께 쓰였기 때문에 '불편하다' 즉, '아프다'라는 의미로 해석됩니다.

大夫 dàifu '의사'의 비밀

大夫 dàifu는 '의사'라는 뜻으로 명사예요. 이때 大의 발음에 주의하여 dà가 아닌 dài로 읽어야 합니다. 또한 大夫 dàifu는 이미 높임말이기 때문에 따로 존칭 표현을 붙일 필요 없이 그냥 大夫 dàifu라고 하면 돼요. '의사'의 다른 표현은 医生 yīshēng도 있는데요. 医生 yīshēng은 일반적인 명사 역할을 하기 때문에 호칭으로는 적절하지 못합니다.

단어정리

你 nǐ 때 너, 당신
哪儿 nǎr 때 어디
不 bù 튄 아니다
舒服 shūfu 통 편안하다

02

MP3_16_02

한송

워　토우텅　커소우　하이　요우디알　파사오
Wǒ　tóuténg、　késou,　hái　yǒudiǎnr　fāshāo.
我　头疼、　咳嗽，　还　有点儿　发烧。
나　머리가 아프다　기침하다　게다가　조금　열이 나다

나는 머리가 아프고 기침이 나요. 게다가 열이 조금 나요.

头疼 tóuténg 머리가 아프다

头疼 tóuténg은 头 tóu '머리'와 疼 téng '아프다'라는 명사와 형용사가 함께 쓰여 '머리가
아프다'라는 뜻의 동사로 건강상태를 이야기할 때 쓰여요.

咳嗽 késou 기침하다

咳嗽 késou는 '기침하다'라는 뜻의 동사입니다. 한자 중에 앞에 입구(口)자가 붙은 글자
는 대부분이 소리와 관련된 글자를 뜻해요.

还 hái 게다가

부사로 쓰이는 还 hái는 수량이나 범위가 확대되는 것으로 '또', '게다가'를 의미해요.

有点儿 yǒudiǎnr 조금

有点儿 yǒudiǎnr은 동사와 형용사 앞에 놓여 불만이나 부정적인 표현을 할 때 쓰이는
부사예요. 열이 나는 것은 좋지 않은 상황이기 때문에 有点儿 yǒudiǎnr이 쓰였어요.

단어정리

我 wǒ 때 나
头疼 tóuténg 통 머리가
　아프다
咳嗽 késou 통 기침하다
还 hái 분 게다가, 또
有点儿 yǒudiǎnr
　　분 조금
发烧 fāshāo 통 열이 나다

发烧 fāshāo 열이 나다

发烧 fāshāo는 '열이 나다'라는 뜻의 동사로 목적어가 따로 오지 않는 동사예요. 烧
shāo는 '열'이라는 뜻입니다. 여기에 '발생하다'라는 뜻의 동사 发 fā가 함께 쓰여 '열이
나다'라는 의미가 만들어진 것이죠.

03

MP3_16_03

아이야   니   샤오   더   헌   리하이
Āiyā,   nǐ   shāo   de   hěn   lìhai.

의사 **哎呀, 你 烧 得 很 厉害。**

이런   당신 열이 나다   매우   심하다

이런, 당신은 열이 심해요.

○ **哎呀** āiyā 이런

哎呀 āiyā는 감탄사의 일종입니다. 보통은 놀람을 나타낼 때 쓰이지만 안타까움이나 불만을 나타낼 때도 쓰여요.

○ **烧得** shāo de 열이 나는 정도

烧 shāo는 '열이 나다'란 동사이고, 得 de는 동사의 정도를 나타내는 정도보어로 동사 뒤에 쓰여 동사를 수식해 주는 형용사와 연결해 그 정도를 표현해요. 우리말로는 '열이 나는 정도'로 해석됩니다.

○ **很** hěn 매우

부사로 쓰이는 很 hěn은 형용사 앞에 쓰여 정도나 크기가 강함을 나타내는 역할로 '매우'나 '몹시'라는 의미로 사용됩니다.

○ **厉害** lìhai 심하다

문장에서 厉害 lìhai는 '심하다', '지독하다'와 같이 부정적인 의미로 쓰였지만, 厉害 lìhai는 '굉장하다', '대단하다'와 같은 긍정적인 의미로도 쓰임이 가능해요.

📖 **단어정리**

哎呀 āiyā 캄 이런
你 nǐ 때 너, 당신
烧 shāo 통 열이 나다
得 de 보 동사와 형용사 뒤에 쓰여 결과나 정도를 나타내는 보어를 연결함
很 hěn 부 매우, 아주
厉害 lìhai 형 심하다

04

MP3_**16_04**

의사

다	지	전	츠	디알	야오	찌우	후이	하오	더
Dǎ	jǐ	zhēn,	chī	diǎnr	yào	jiù	huì	hǎo	de.

打 几 针，吃 点儿 药 就 会 好 的。

맞다　몇　주사　먹다　조금　약　곧　~할 것이다　좋다

주사를 좀 맞고, 약을 먹으면 곧 좋아질 거예요.

打几针 dǎ jǐ zhēn 주사를 좀 맞다

打针 dǎzhēn은 '주사를 맞다'라는 뜻이에요. 针 zhēn은 '바늘'이나 '침'을 의미하는데 동사 打 dǎ가 함께 쓰여 '주사를 맞다'라는 뜻이 되었습니다. 여기에 10 이하의 수를 나타내는 几 jǐ가 동사 뒤에 쓰여 직역하면 '주사 몇 대를 맞다'로 되지만, 우리말로 자연스럽게 '주사를 좀 맞다'로 해석하면 돼요.

吃 chī 먹다

吃 chī는 '먹다'라는 뜻의 동사입니다. 문장에서는 약을 '먹다'라는 의미로 쓰였어요.

(一)点儿 (yì)diǎnr 조금

点儿 diǎnr은 '다소', '조금'이라는 의미로, 앞에 一 yi가 생략되어 쓰였어요. 주로 동사나 형용사 뒤에 쓰여 수량이 적거나 정도가 약함을 나타내는 양사예요.

就 jiù 곧

就 jiù는 부사로 쓰일 때는 아주 짧은 시간을 뜻해요. 우리말의 '곧'이나 '즉시'라는 의미로 해석됩니다.

会……的 huì……de ~할 것이다

会…的 huì…de는 '~할 것이다'라는 관용적 표현이에요. 会 huì와 的 de 사이에는 형용사나 동사가 올 수 있어요. 문장에서는 好가 쓰여 '좋아질 것이다'라고 해석해요.

단어정리

打针 dǎzhēn 통 주사를 맞다
几 jǐ ㈜ 몇
吃 chī 통 먹다
(一)点儿 (yì)diǎnr 양 조금
药 yào 명 약, 약물
就 jiù 부 곧, 즉시
会……的 huì……de ~할 것이다
好 hǎo 형 좋다

➡️ 한송이가 의사에게 진찰을 받고 있어요.

大夫
당신　어디　아니다　편안하다
你 哪儿 不 舒服?

韩松
나　머리가 아프다　기침하다　게다가　조금　열이 나다
我 头疼、咳嗽，还 有点儿 发烧。

大夫
이런　당신 열이 나다　매우　심하다
哎呀，你 烧 得 很 厉害。

(진찰 후)

大夫
맞다　몇　주사　먹다　조금　약　곧　~할 것이다　좋다
打 几 针，吃 点儿 药 就 会 好 的。

의사　　당신은 어디가 아프세요?

한송　　나는 머리가 아프고 기침이 나요. 게다가 열이 조금 나요.

의사　　이런, 당신은 열이 심해요.

(진찰 후)

의사　　주사를 좀 맞고, 약을 먹으면 곧 좋아질 거예요.

당신은
어디가 아프세요?

📖단어　🎧 MP3_16_07

- ☐☐ **你** nǐ 떼 너, 당신
- ☐☐ **哪儿** nǎr 떼 어디
- ☐☐ **不** bù 뮈 아니다
- ☐☐ **舒服** shūfu 통 편안하다
- ☐☐ **我** wǒ 떼 나
- ☐☐ **头疼** tóuténg 통 머리 아프다
- ☐☐ **咳嗽** késou 통 기침하다
- ☐☐ **还** hái 뮈 게다가, 또
- ☐☐ **有点儿** yǒudiǎnr 뮈 조금
- ☐☐ **发烧** fāshāo 통 열이 나다
- ☐☐ **哎呀** āiyā 깝 이런
- ☐☐ **烧** shāo 통 열이 나다

- ☐☐ **得** de 보 동사와 형용사 뒤에 쓰여 결과나
  정도를 나타내는 보어를 연결함
- ☐☐ **很** hěn 뮈 매우, 아주
- ☐☐ **厉害** lìhai 형 심하다
- ☐☐ **打针** dǎzhēn 통 주사를 맞다
- ☐☐ **几** jǐ 쉬 몇
- ☐☐ **吃** chī 통 먹다
- ☐☐ **(一)点儿** (yì)diǎnr 양 조금
- ☐☐ **药** yào 명 약, 약물
- ☐☐ **就** jiù 뮈 곧, 즉시
- ☐☐ **会……的** huì……de ~할 것이다
- ☐☐ **好** hǎo 형 좋다

01 🎧 MP3_16_08

당신은 어디가 아프세요?

Nǐ nǎr bù shūfu?

你哪儿**不舒服**?

téng
① 疼 아프다

bú duìjìnr
② 不对劲儿 이상하다

bù hǎo
③ 不好 좋지 않다

02 🎧 MP3_16_09

열이 조금 나요.

Yǒu diǎnr fāshāo.

有点儿**发烧**。

jǐnzhāng
① 紧张 긴장하다

wúliáo
② 无聊 지루하다

dānxīn
③ 担心 걱정하다

03 🎧 MP3_16_10

이런, 당신은 열이 심해요.

Āiyā, nǐ shāo de hěn lìhai.

哎呀，你烧得很厉害。

shāng
① 伤 다치다

bìng
② 病 아프다

shòu
③ 瘦 마르다

04 🎧 MP3_16_11

약을 먹으면 곧 좋아질 거예요.

Chī diǎnr yào jiù huì hǎo de.

吃点儿药就会好的。

hē diǎnr shuǐ
① 喝点儿水 물을 마시다

guò liǎng tiān
② 过两天 며칠 지나다

hǎohāor xiūxi
③ 好好儿休息 푹 쉬다

1 녹음을 듣고 해당하는 박스에 성조를 표시해 보세요. 🎧 MP3_16_12

1 头疼 touteng

2 发烧 fashao

3 厉害 lihai

4 吃点儿 chi dianr

2 본문에서 배운 내용을 참고하여 빈칸에 알맞은 한어병음과 중국어를 써 보세요.

Nǐ nǎr bù ⬚⬚⬚⬚⬚ ?

你哪儿不 ⬚⬚⬚⬚⬚ ?

Wǒ tóuténg、késou, hái ⬚⬚⬚⬚⬚ fāshāo.

我头疼、咳嗽，还 ⬚⬚⬚⬚⬚ 发烧。

Āiyā, nǐ ⬚⬚⬚ de hěn lìhai.

哎呀，你 ⬚⬚⬚ 得很厉害。

⬚⬚⬚ jǐ ⬚⬚⬚ , chī diǎnr yào jiù ⬚⬚⬚ hǎo ⬚⬚⬚ .

⬚⬚⬚ 几 ⬚⬚⬚ ，吃点儿药就 ⬚⬚⬚ 好 ⬚⬚⬚ 。

중국 전통 의상 치파오

'치파오' 旗袍 qípáo는 만주족의 전통 의상으로 주로 일상에서 입던 옷이에요. '만주족' 满族 Mǎnzú가 청나라를 세운 이후로는 중국의 전통 의상으로 확대되어 오늘날까지 이어지고 있는 것이죠.

'만주족' 满族 Mǎnzú는 유목 민족이었기 때문에 말을 타기 편하도록 여성의 치마 옆이 개방되어 있습니다. 본래는 여성의 다리를 다 가리는 긴 기장이었으나 서구 문물이 들어오기 시작한 1920년대부터는 여성의 몸매가 강조되는 다양한 길이와 디자인으로 바뀌면서 점점 세계에 널리 알려지게 되었습니다.

17 주문을 해 봐요.

📖 **학습목표**

- 중국요리 주문하기
- 중국요리명 알기

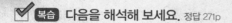

✅ **복습** 다음을 해석해 보세요. 정답 271p

☐ 你哪儿不舒服?

☐ 我头疼、咳嗽，还有点儿发烧。

☐ 哎呀，你烧得很厉害。

☐ 打几针，吃点儿药就会好的。

동영상 강의 보기

01

🎧 MP3_17_01

환잉 꽝린　닌　디엔　선머　차이
Huānyíng guānglín. Nín diǎn shénme cài?

종업원 **欢迎光临。您 点 什么菜?**

어서오세요　당신　주문하다　무슨　요리

어서오세요. 당신은 무슨 요리를 주문하시겠어요?

○ **欢迎光临** huānyíng guānglín 어서오세요

欢迎 huānyíng은 '환영하다'라는 뜻이고 光临 guānglín은 '광림하다' 즉, 남이 찾아오는 것을 높여서 표현하는 말로 우리말에서는 '어서오세요'로 해석이 돼요. 이 말은 중국 상점을 방문하면 가장 먼저 듣는 말입니다.

💡 상점을 나갈 때 종업원의 인사 표현!

请慢走 qǐng mànzǒu '조심히 가세요', 欢迎下次光临 huānyíng xiàcì guānglín '다음에 또 오세요', 欢迎下次再来 huānyíng xiàcì zàilái '다음에 또 오세요'

○ **点** diǎn 주문하다

点 diǎn은 동사로 '주문하다'의 의미가 있어요. 그래서 요리를 주문하거나 노래를 신청하는 것도 点 diǎn을 씁니다. 요리를 주문할 때는 点菜 diǎn cài, 노래를 신청할 때는 点歌 diǎn gē라고 해요.

○ **什么** shénme 무슨

'무엇', '무슨' 의미의 什么 shénme는 의문대사로 문장에서는 주문을 받는 종업원이 손님에게 무슨 요리를 먹을 것인지 묻기 위해 쓰였어요.

📖 단어정리

欢迎光临
huānyíng guānglín
동 어서오세요
您 nín 대 당신(你의 존칭)
点 diǎn 동 주문하다
什么 shénme 대 무엇
菜 cài 명 요리, 채소

○ **菜** cài 요리

菜 cài는 '채소'를 의미하기도 하지만 식당에서는 '요리'를 뜻해요.

02

한송

MP3_17_02

워 야오 꽁바오 지딩 허 위시앙 로우쓰
Wǒ yào gōngbǎo jīdīng hé yúxiāng ròusī.

我 要 宫保鸡丁 和 鱼香肉丝。

나 원하다 꽁바오 지딩 ~과 위시앙 로우쓰

나는 꽁바오 지딩하고 위시앙 로우쓰를 주문할게요.

要 yào 원하다

要 yào는 어떠한 것을 '원하다'와 같이 '바라다', '희망하다'는 의미의 동사로 문장에서는 자신이 원하는 요리를 주문할 때 쓰였어요.

宫保鸡丁 gōngbǎo jīdīng 꽁바오 지딩

꽁바오 지딩은 한국인들이 가장 좋아하는 중국요리 중 하나예요. 쓰촨요리이기 때문에 매콤한 맛이 일품입니다.

和 hé ~과

和 hé는 개사로 명사나 명사화된 동사를 연결하는 역할을 해요. 주로 병렬관계나 선택 관계를 나타낼 때 쓰여요.

鱼香肉丝 yúxiāng ròusī 위시앙 로우쓰

위시앙 로우쓰는 채 썬 돼지고기가 들어간 쓰촨요리예요. 요리명에 鱼 yú '물고기'자가 들어가 있기 때문에 생선요리라고 생각하기 쉬운데요. 鱼香 yúxiāng은 생선요리에 자주 사용하는 소스랍니다.

단어정리

我 wǒ 때 나
要 yào 통 원하다
宫保鸡丁
  gōngbǎo jīdīng
  명 꽁바오 지딩
和 hé 전 ~와(과)
鱼香肉丝
  yúxiāng ròusī
  명 위시앙 로우쓰

03

MP3_17_03

종업원

쩌 스 닌 디엔 더 차이 칭 만 용
Zhè shì nín diǎn de cài, qǐng màn yòng.
这 是 您 点 的 菜, 请 慢 用。
이것 ~이다 당신 주문하다 ~한 요리 청하다 느리다 들다

여기 당신이 주문한 요리예요. 천천히 드세요.

这 zhè 이것

这 zhè는 가까이 있는 사물을 가리킬 때 쓰이는 지시대사예요.

点的 diǎn de 주문한 것

'주문하다'의 동사 点 diǎn이 요리 菜 cài를 수식하기 위해 조사 的 de가 쓰였어요. 문장에서는 '~한 것'이라고 해석했어요.

请 qǐng 청하다

상대방에게 무언가를 권하거나 부탁할 때 쓰는 관용적 표현이에요. 상황에 따라 '~해주세요', '부탁해요' 등으로 의미가 달라지기는 하지만 중국어에서 가장 보편적으로 쓰이는 경어체입니다.

慢 màn 느리다

慢 màn의 본래 의미는 '느리다'입니다. 그러나 문장에서는 음식과 연관지어 문맥상 '천천히' 동작을 행하라는 의미로 해석이 돼요.

用 yòng 들다

用 yòng은 본래 동사 '사용하다'의 뜻으로 해석하지만 음식을 먹거나 차를 마시는 것과 같은 행위가 수반될 때는 '들다'나 '마시다'와 같은 의미로도 해석이 돼요.

단어정리

这 zhè 団 이, 이것
是 shì 동 ~이다
您 nín 団 당신(你의 존칭)
点 diǎn 동 주문하다
的 de 조 ~의, ~한
菜 cài 명 요리, 채소
请 qǐng 청하다,
　　부탁하다
慢 màn 형 느리다
用 yòng 동 들다

04

한송

MP3_**17**_04

쩔 더 차이   쩐 하오츠
Zhèr de cài, zhēn hǎochī.

这儿 的 菜，真 好吃。

이곳   ~의 요리   정말   맛있다

이곳의 요리는 정말 맛있네요.

这儿的 zhèr de 이곳의

这儿 zhèr은 '여기'나 '이곳'이라는 뜻의 지시대사이고, 여기에 종속관계를 나타내는 的 de가 함께 쓰여 '이곳의'라는 뜻이 만들어졌습니다.

真 zhēn 정말

真 zhēn은 '정말로'라는 뜻의 부사입니다. 형용사인 好吃 hǎochī 앞에 쓰여 맛있는 정도를 나타내고 있어요.

好吃 hǎochī 맛있다

'맛있다'라는 표현은 중국어로 어떻게 말할까요? 중국어로는 간단하게 '좋다' 好 hǎo, '먹다' 吃 chī로 말해요. 그러니까 好吃 hǎochī '먹기 좋다'가 중국어로는 '맛있다'라는 표현이 됩니다.

📖 단어정리

这儿 zhèr 때 여기, 이곳
的 de 조 ~의, ~한
菜 cài 명 요리, 채소
真 zhēn 부 정말로, 진실로
好吃 hǎochī 형 맛있다

➡ 한송이가 식당에서 중국요리를 주문하고 있어요.

服务员
어서오세요   당신 주문하다 무슨   요리
欢迎光临。您 点 什么 菜?

병음 써 보기

韩松
나   원하다   꽁바오 지딩   ~과   위시앙 로우쓰
我 要 宫保鸡丁 和 鱼香肉丝。

(잠시 후)

服务员
이것 ~이다 당신 주문하다 ~한 요리   청하다 느리다 들다
这 是 您 点 的 菜, 请 慢 用。

韩松
이곳   ~의 요리   정말 맛있다
这儿 的 菜, 真 好吃。

종업원 어서오세요. 당신은 무슨 요리를 주문하시겠어요?

한송 나는 꽁바오 지딩하고 위시앙 로우쓰를 주문할게요.

(잠시 후)

종업원 여기 당신이 주문한 요리예요. 천천히 드세요.

한송 이곳의 요리는 정말 맛있네요.

여기 당신이
주문한 요리예요.

단어 🎧 MP3_17_07

- ☐ ☐ **欢迎光临** huānyíng guānglín ⑧ 어서오세요
- ☐ ☐ **您** nín ⑭ 당신(你의 존칭)
- ☐ ☐ **点** diǎn ⑧ 주문하다
- ☐ ☐ **什么** shénme ⑭ 무엇
- ☐ ☐ **菜** cài ⑲ 요리, 채소
- ☐ ☐ **我** wǒ ⑭ 나
- ☐ ☐ **要** yào ⑧ 원하다
- ☐ ☐ **宫保鸡丁** gōngbǎo jīdīng ⑲ 꿍바오 지딩
- ☐ ☐ **和** hé ㉽ ~와(과)
- ☐ ☐ **鱼香肉丝** yúxiāng ròusī ⑲ 위시앙 로우쓰
- ☐ ☐ **这** zhè ⑭ 이, 이것

- ☐ ☐ **是** shì ⑧ ~이다
- ☐ ☐ **的** de ㉿ ~의, ~한
- ☐ ☐ **请** qǐng ⑧ 청하다, 부탁하다
- ☐ ☐ **慢** màn ⑲ 느리다
- ☐ ☐ **用** yòng ⑧ 들다
- ☐ ☐ **这儿** zhèr ⑭ 여기, 이곳
- ☐ ☐ **真** zhēn ⑭ 정말로, 진실로
- ☐ ☐ **好吃** hǎochī ⑲ 맛있다

01 🎧 MP3_17_08

당신은 무슨 요리를 주문하시겠어요?

Nín diǎn shénme cài?

您点什么菜?

chá
① **茶** 차

diǎnxīn
② **点心** 간식

jiǔ
③ **酒** 술

02 🎧 MP3_17_09

나는 꽁바오 지딩하고 위시앙 로우쓰를 주문할게요.

Wǒ yào gōngbǎo jīdīng hé yúxiāng ròusī.

我要宫保鸡丁和鱼香肉丝。

guōbāoròu
① **锅包肉** 꾸어바오로우

jīngjiàng ròusī
② **京酱肉丝** 징지앙 로우쓰

niúròumiàn
③ **牛肉面** 니우로우 미엔

máfó dòufǔ
① **麻婆豆腐** 마포 또우푸

mǎyǐ shàngshù
② **蚂蚁上树** 마이 샹슈

làbāzhōu
③ **腊八粥** 라빠쭈우

246

03

🎧 MP3_**17_10**

여기 당신이 주문한 요리예요. 천천히 드세요.

Zhè shì nín diǎn de cài, qǐng màn yòng.

这是您点的菜，请慢用。

kāfēi
① 咖啡 커피

hóngchá
② 红茶 홍차

niúnǎi
③ 牛奶 우유

04

🎧 MP3_**17_11**

이곳의 요리는 정말 맛있네요.

Zhèr de cài, zhēn hǎochī

这儿的菜，真好吃。

xián
① 咸 짜다

là
② 辣 맵다

tián
③ 甜 달다

1 녹음을 듣고 해당하는 박스에 성조를 표시해 보세요. 🎧 MP3_17_12

1 点 dian

2 菜 cai

3 请慢用 qing man yong

4 好吃 haochi

2 본문에서 배운 내용을 참고하여 빈칸에 알맞은 한어병음과 중국어를 써 보세요.

Huānyíng _____ . Nín diǎn shénme _____ ?

欢迎 _____ 。您点什么 _____ ?

_____ gōngbǎo jīdīng _____ yúxiāng ròusī.

_____ 宫保鸡丁 _____ 鱼香肉丝。

Zhè _____ nín _____ de cài, qǐng màn yòng.

这 _____ 您 _____ 的菜，请慢用。

_____ de cài, _____ hǎochī.

_____ 的菜，_____ 好吃。

중국의 요리

중국의 요리명은 참 재미있습니다. 지역도 넓고 다양한 민족 요리가 있기 때문에 그 많은 요리명을 기억하기는 쉽지 않죠. 그래서 중국의 요리명에는 대략적인 재료, 조리방식, 모양 등이 설명되어 있습니다.

宫保鸡丁 gōngbǎo jīdīng이라는 요리의 鸡 jī는 '닭'을 의미해요. 그래서 닭이 재료로 들어갔다는 것을 짐작할 수 있죠. 그리고 丁 dīng은 깍둑썰기 모양을 말합니다. 그러면 鱼香肉丝 yúxiāng ròusī는 어떤 요리일까요? 鱼 yú라는 글자가 있는걸 보니 생선요리로 짐작되네요. 하지만 사실 鱼香 yúxiāng은 생선요리에 사용되는 소스 이름이에요. 肉丝 ròusī라는 글자가 있는 걸 보니 돼지고기를 가느다랗게 채를 썰었고요. 중국에서 肉 ròu는 돼지고기를 말해요. 그래서 鱼香肉丝 yúxiāng ròusī는 위시앙소스가 첨가된 돼지고기 요리임을 알 수 있습니다.

18 환전을 해 봐요.

 학습목표

- 환전하기
- 중국화폐 종류 익히기

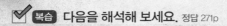

복습 다음을 해석해 보세요. 정답 271p

☐ 欢迎光临。您点什么菜?

☐ 我要宫保鸡丁和鱼香肉丝。

☐ 这是您点的菜,请慢用。

☐ 这儿的菜,真好吃。

동영상 강의 보기

01

MP3_18_01

한송

워   시앙   환   치엔
Wǒ xiǎng huàn qián.

我   想   换   钱。

나   ~하고 싶다   바꾸다   돈

나는 환전을 하려고 해요.

○ **想** xiǎng ~하고 싶다

想 xiǎng 뒤에 동사 换 huàn이 있는 것을 보아, 문장에서 想 xiǎng은 조동사로 '~하고 싶다', '~하려 하다'라는 소망의 의미를 가지고 있어요.

○ **换** huàn 바꾸다

우리가 외국 돈을 바꿀 때 '환전한다'라고 말하죠? 换 huàn은 '바꾸다', '교환하다'라는 의미의 동사예요. 뒤에 명사 钱 qián '돈'이 오면 자연스럽게 '환전하다'로 해석됩니다.

○ **钱** qián 돈

钱 qián은 '돈'이라는 뜻이에요. 인민폐의 단위는 元 yuán으로 대부분 글에서 쓰이고 회화에서는 块 kuài라고 말한답니다.

💡 '잔돈'이나 '푼돈'은 零钱 língqián이라고 해요.

📖 단어정리

我 wǒ 때 나
想 xiǎng 조동 ~하고 싶
    다, ~하려고 한다
换 huàn 통 바꾸다, 교환
    하다
钱 qián 명 돈

02

MP3_**18**_02

은행직원

닌　야오　환　뚜어샤오
Nín　yào　huàn duōshao?
您　要　换　多少?
당신　~하려고 하다　바꾸다　얼마나

당신은 얼마나 바꾸실 건가요?

○ **您** nín 당신

您 nín은 '당신' 你 nǐ에 대한 존칭 표현이라고 배웠죠? 은행직원이 고객을 응대하는 상황이기 때문에 존칭을 붙였습니다.

○ **要** yào ~하려고 하다

要 yào는 동사 换 huàn 앞에 쓰여 조동사 역할을 하며 '~할 것이다', '~하려고 한다'는 의지나 계획의 의미를 가지고 있어요.

○ **多少** duōshao 얼마나

多少 duōshao는 '얼마나'와 같이 수량의 많고 적음을 물을 때 쓰이는 의문대사예요. 문맥상 환전하려는 금액을 묻고 있으므로 多少 duōshao 뒤에 钱 qián이 생략된 것을 알 수 있어요.

 단어정리

您 nín 데 당신(你의 존칭)
要 yào 조통 ~하려고 하다
换 huàn 통 바꾸다, 교환하다
多少 duōshao 데 얼마나

03

한송

워	시앙	바	싼바이	메이위엔	환청	런민삐
Wǒ	xiǎng	bǎ	sānbǎi	Měiyuán	huànchéng	Rénmínbì.
我	想	把	三 百	美元	换成	人民币。
나	~하고 싶다	~를	3 백	달러	~으로 바꾸다	인민폐

🎧 MP3_**18**_03

나는 300달러를 인민폐로 바꾸고 싶어요.

把 bǎ ~를

把 bǎ는 목적어를 동사 앞으로 도치시켜 목적어를 강조하는데 사용되는 개사로 '~을, 를'로 해석해요. 문장에서는 三百美元 sānbǎi Měiyuán을 동사 换成 huànchéng 앞으로 도치시켰어요. 문장에서 조동사가 있으면, 把 bǎ는 그 뒤에 위치합니다.

三百 sānbǎi 300

우리가 숫자를 표기할 때 주로 아라비아 숫자를 주로 사용한다면 중국인들은 한자로 표기하는 것을 즐겨요. 三 sān은 숫자 '3'을 百 bǎi는 '백 단위'를 말합니다.

美元 Měiyuán 달러

미국을 의미하는 美 Měi와 돈의 단위 '원'을 의미하는 元 yuán이 함께 쓰여 '달러'라는 뜻이 되었어요.

换成 huànchéng ~으로 바꾸다

换 huàn은 '바꾸다' 成 chéng은 '~으로 되다'의 의미가 있습니다. 그래서 换成人民币 huànchéng Rénmínbì는 '인민폐로 바꾸다'로 해석해요.

人民币 Rénmínbì 인민폐

중국화폐를 '인민폐'라고 해요. 국제적으로는 한어병음을 줄여서 RMB라고도 합니다. 화폐 단위는 元 yuán이라고 쓰기 때문에 일반적으로는 '위안화'라고 말해요.

📚 단어정리

我 wǒ 떼 나
想 xiǎng 조동 ~하고 싶
　다, ~하려고 한다
把 bǎ 깨 ~을, ~를
三百 sānbǎi 쉬 300
美元 Měiyuán 명 달러
换成 huànchéng
　통 ~으로 바꾸다
人民币 Rénmínbì
　명 인민폐

04

은행직원

MP3_18_04

쩌 스 닌 환 더 리앙치엔 쓰바이 콰이 치엔
Zhè shì nín huàn de liǎngqiān sìbǎi kuài qián.

这 是 您 换 的 两 千 四 百 块 钱。

이것 ~이다 당신 바꾸다 ~한 2 천 4 백 위안 돈

이것은 당신이 환전하신 2,400위안입니다.

这 zhè 이것

这 zhè는 가까운 곳에 있는 사물이나 사람에게 쓰는 대사예요.

换的 huàn de 바꾼 것

동사 '바꾸다' 换 huàn 뒤에 조사 的 de는 중심어인 2,400위안을 수식하기 위해 쓰였어요. '~한'의 의미로 '당신이 환전하신 2,400위안'이라고 해석해요.

两千四百 liǎngqiān sìbǎi 2,400

千 qiān '천', 百 bǎi '백'의 단위를 사용하여 화폐 금액을 말하고 있어요. 중국인들도 긴 숫자를 표기할 때는 아라비아 숫자를 사용하는데요. 우리와는 달리 콤마로 구분해 주지는 않아요. 그러니까 2,400은 콤마 없이 2400으로 표기해요. 千 qiān 앞에 오는 숫자 '2'는 二 èr이 아닌 两 liǎng으로 읽습니다.

块 kuài 위안

块 kuài는 인민폐의 단위인 元 yuán과 같다고 배웠었죠? 뒤에 돈의 의미인 钱 qián은 생략할 수도 있어요.

단어정리

这 zhè 대 이것
是 shì 동 ~이다
您 nín 대 당신(你의 존칭)
换 huàn 동 바꾸다, 교환
  하다
的 de 조 ~의, ~한
两千四百
liǎngqiān sìbǎi 수 2,400
块 kuài 양 위안
钱 qián 명 돈

➡ 한송이가 은행에서 환전을 하고 있어요.

韩松

나　~하고 싶다　바꾸다　돈
我　想　换　钱。

병음 써 보기

银行职员

당신　~하려고 하다　바꾸다　얼마나
您　要　换　多少?

韩松

나　~하고 싶다　~를　3　백　달러　~으로 바꾸다　인민폐
我　想　把　三　百　美元　换成　人民币。

(잠시 후)

银行职员

이것　~이다　당신　바꾸다　~한　2　천　4　백　위안　돈
这　是　您　换　的　两　千　四　百　块　钱。

한송	나는 환전을 하려고 해요.
은행직원	당신은 얼마나 바꾸실 건가요?
한송	나는 300달러를 인민폐로 바꾸고 싶어요.

(잠시 후)

| 은행직원 | 이것은 당신이 환전하신 2,400위안입니다. |

이것은 당신이 환전하신 2,400위안입니다.

📖단어 🎧 MP3_ **18_07**

□□ **我** wǒ 団 나

□□ **想** xiǎng 조통 ~하고 싶다, ~하려고 한다

□□ **换** huàn 통 바꾸다, 교환하다

□□ **钱** qián 명 돈

□□ **您** nín 団 당신(你의 존칭)

□□ **要** yào 조통 ~하려고 하다

□□ **多少** duōshao 団 얼마나

□□ **把** bǎ 개 ~을, ~를

□□ **三百** sānbǎi 주 300

□□ **美元** Měiyuán 명 달러

□□ **换成** huànchéng 통 ~으로 바꾸다

□□ **人民币** Rénmínbì 명 인민폐

□□ **这** zhè 団 이것

□□ **是** shì 통 ~이다

□□ **的** de 조 ~의, ~한

□□ **两千四百** liǎngqiān sìbǎi 주 2,400

□□ **块** kuài 양 위안

01

🎧 MP3 _ **18 _ 08**

나는 환전을 하려고 해요.

Wǒ xiǎng huànqián.

我想换钱。

yīfu
① 衣服 옷

língqián
② 零钱 잔돈

gōngzuò
③ 工作 직장

02

🎧 MP3 _ **18 _ 09**

당신은 얼마나 바꾸실 건가요?

Nín yào huàn duōshao?

您要换多少?

shénme
① 什么 무엇

jǐ ge
② 几个 몇 개

nǎ zhǒng
③ 哪种 어떤 것

03

🎧 MP3_**18_10**

나는 300달러를 인민폐로 바꾸고 싶어요.

Wǒ xiǎng bǎ sānbǎi Měiyuán huànchéng Rénmínbì.

我想把三百美元换成人民币。

zhè ge
① 这个 이것

Měiyuán
② 美元 달러

Rìyuán
③ 日元 엔화

biéde
① 别的 다른 것

Hányuán
② 韩元 원화

Yīngbàng
③ 英镑 파운드

04

🎧 MP3_**18_11**

이것은 당신이 환전하신 2,400위안입니다.

Zhè shì nín huàn de liǎngqiān sìbǎi kuài qián.

这是您换的两千四百块钱。

sānqiān wǔbǎi
① 三千五百 3,500

sìwàn qīqiān
② 四万七千 47,000

wǔbǎi sānshí
③ 五百三十 530

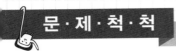

1 녹음을 듣고 해당하는 박스에 성조를 표시해 보세요. 🎧 MP3_18_12

1 换钱 huan qian

2 多少 duoshao

3 人民币 Renminbi

4 四百块钱 sibai kuai qian

2 본문에서 배운 내용을 참고하여 빈칸에 알맞은 한어병음과 중국어를 써 보세요.

Wǒ [　　　] huàn qián.

我 [　　　] 换钱。

Nín yào huàn [　　　　　] ?

您要换 [　　　　　] ?

Wǒ xiǎng bǎ sānbǎi Měiyuán [　　　　　] Rénmínbì.

我想把三百美元 [　　　　　] 人民币。

Zhè shì nín huàn de liǎngqiān sìbǎi [　　　] qián.

这是您换的两千四百 [　　　] 钱。

중국의 화폐

중국화폐의 유래를 살펴보면 1000년 전인 송나라 시대부터 시작됩니다. 송나라 때는 아주 작은 단위의 돈을 毛 máo(=角 jiǎo)라고 했어요. 毛 máo는 圓 yuán의 10분의 1에 불과했기 때문에 깃털처럼 가볍다는 뜻의 소액을 의미했습니다. 圓 yuán은 동그랗게 만들어진 돈을 의미했던 말로 옛날 엽전과 같은 화폐라고 생각하면 돼요. 이 圓 yuán이라는 글자가 현대사회에서는 간략하게 쓰기 위해 元 yuán으로 바뀌어 쓰이고 있습니다. 그러면 块 kuài는 무엇일까요? 块 kuài는 圓 yuán 이후에 유통되기 시작했던 은괴를 말해요. 은괴가 덩어리 모양이었기 때문에 1块 yíkuài는 '덩어리 하나'라는 식의 화폐 단위로 쓰인 것이지요. 그래서 앞에서 배웠던 元 yuán과 块 kuài는 '돈'이라는 의미에서는 서로 같은 뜻입니다. 민간에 뿌리 깊게 쓰이던 화폐 용어가 현대사회에서도 없어지지 않고 그대로 통용되고 있는 것이에요. 다만 지금 元 yuán은 글에서, 块 kuài는 회화에서 많이 쓰이고 있습니다.

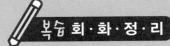

CHAPTER 15

Nǐ xǐhuan shénme yùndòng?
○ 你喜欢什么运动?
당신은 무슨 운동을 좋아해요?

Wǒ xǐhuan tī zúqiú.
○ 我喜欢踢足球。
나는 축구 하는 것을 좋아해요.

Nà wǒmen yìqǐ tī zúqiú ba.
○ 那我们一起踢足球吧。
그럼 우리 같이 축구를 해요.

Hǎo, wǒmen yìqǐ qù yùndòngchǎng tī zúqiú ba.
○ 好，我们一起去运动场踢足球吧。
좋아요, 우리 같이 운동장에 가서 축구를 해요.

CHAPTER 16

Nǐ nǎr bù shūfu?
○ 你哪儿不舒服?
당신은 어디가 아프세요?

Wǒ tóuténg、 késou, hái yǒudiǎnr fāshāo.
○ 我头疼、咳嗽，还有点儿发烧。
나는 머리가 아프고 기침이 나요. 게다가 열이 조금 나요.

Āiyā, nǐ shāo de hěn lìhai.
○ 哎呀，你烧得很厉害。
이런, 당신은 열이 심해요.

Dǎ jǐ zhēn, chī diǎnr yào jiù huì hǎo de.
○ 打几针，吃点儿药就会好的。
주사를 좀 맞고, 약을 먹으면 곧 좋아질 거예요.

CHAPTER 17

Huānyíng guānglín. Nín diǎn shénme cài?

欢迎光临。您点什么菜?

어서오세요.　　　　당신은 무슨 요리를 주문하시겠어요?

Wǒ yào gōngbǎo jīdīng hé yúxiāng ròusī.

我要宫保鸡丁和鱼香肉丝。

나는 꽁바오 지딩하고 위샹 로우쓰를 주문할게요.

Zhè shì nín diǎn de cài,　qǐng màn yòng.

这是您点的菜，请慢用。

여기 당신이 주문한 요리예요.　천천히 드세요.

Zhèr de cài,　　zhēn hǎochī.

这儿的菜，真好吃。

이곳의 요리는 정말 맛있네요.

CHAPTER 18

Wǒ xiǎng huàn qián.

我想换钱。

나는 환전을 하려고 해요.

Nín yào huàn duōshao?

您要换多少?

당신은 얼마나 바꾸실 건가요?

Wǒ xiǎng bǎ sānbǎi Měiyuán huànchéng Rénmínbì.

我想把三百美元换成人民币。

나는 300달러를 인민폐로 바꾸고 싶어요.

Zhè shì nín huàn de liǎngqiān sìbǎi kuài qián.

这是您换的两千四百块钱。

이것은 당신이 환전하신 2,400위안입니다.

부록

문제 척척 정답 - - - - - - - - - - - - - - - - - - -

 복습 해석 -

단운모 연습하기 본책 21p

2 ① á ② é ③ ǔ

3 ① ǎ ② ō ③ é
④ ì ⑤ ū ⑥ ǔ

성모 연습하기 본책 24p

3 ① mā ② fù ③ nù
④ lù ⑤ chí ⑥ sǎ
⑦ jí ⑧ rè

4 ① bā ② kū ③ lù
④ zè ⑤ chí ⑥ jǐ
⑦ rù ⑧ xì ⑨ zǐ
⑩ qù

결합운모 연습하기 본책 30p

3 ① cái ② xué ③ guā
④ zuò ⑤ xiǎn ⑥ néng
⑦ juān ⑧ xióng

4 ① gòu ② xiě ③ zhuāi
④ niú ⑤ qióng ⑥ yún
⑦ duàn ⑧ láng

경성과 성조의 변화 연습하기 본책 34p

5 ① yì mǐ ② yì zhāng
③ yí gòng ④ yì pán
⑤ bù suān ⑥ bù xiǎo
⑦ bù néng ⑧ bú cuò

CHAPTER 1 본책 48p

1 1 你 nǐ
2 好 hǎo

3 我 wǒ
4 谢谢 xièxie

2 Nǐ hǎo!
你好！

Nǐ hǎo ma?
你好吗？

Wǒ hěn hǎo, nǐ ne?
我很好，你呢？

Wǒ yě hěn hǎo, xièxie.
我也很好，谢谢。

CHAPTER 2 본책 60p

1 1 哪 nǎ
2 中国人 Zhōngguórén
3 认识 rènshi
4 高兴 gāoxìng

2 Nǐ shì nǎ guó rén?
你是哪国人？

Wǒ shì Hánguórén. Nǐ ne?
我是韩国人。你呢？

Wǒ shì Zhōngguórén.
我是中国人。

Rènshi nǐ hěn gāoxìng.
认识你很高兴。

Rènshi nǐ wǒ yě hěn gāoxìng.
认识你我也很高兴。

CHAPTER 3 본책 74p

1 1 请问 qǐngwèn
2 叫 jiào
3 什么 shénme
4 今年 jīnnián

2 Qǐngwèn, nǐ jiào shénme míngzi?
请问，你叫什么名字？

Wǒ jiào Lǐ Hánsōng.
我叫李韩松。

Nǐ jīnnián duōdà?
你今年多大?

Wǒ jīnnián èrshíbā suì.
我今年二十八岁。

1 1 生日 shēngrì

2 月 yuè

3 号 hào

4 属 shǔ

2 Nǐ de shēngrì shì jǐ yuè jǐ hào?
你的生日是几月几号?

Wǒ de shēngrì shì bā yuè èrshíqī hào.
我的生日是八月二十七号。

Nǐ shǔ shénme?
你属什么?

Wǒ shǔ lóng.
我属龙。

1 1 家 jiā

2 有 yǒu

3 都 dōu

4 爸爸 bàba

2 Nǐ jiā yǒu jǐ kǒu rén?
你家有几口人?

Sì kǒu rén.
四口人。

Dōu yǒu shénme rén?
都有什么人?

Bàba、māma、yí ge dìdi hé wǒ.
爸爸、妈妈、一个弟弟和我。

1 1 住 zhù

2 北京 Běijīng

3 他 tā

4 公司 gōngsī

2 Nǐ zhù zài nǎr?
你住在哪儿?

Wǒ zhù zài Běijīng.
我住在北京。

Nǐ bàba zuò shénme gōngzuò?
你爸爸做什么工作?

Tā shì gōngsī zhíyuán.
他是公司职员。

1 1 现在 xiànzài

2 一点 yī diǎn

3 分 fēn

4 星期四 xīngqī sì

2 Xiànzài jǐ diǎn?
现在几点?

Xiànzài yī diǎn shí fēn.
现在一点十分。

À, jīntiān xīngqī jǐ?
啊,今天星期几?

Jīntiān xīngqī sì.
今天星期四。

1 1 干 gàn

2 收拾 shōushi

3 为什么 wèishénme

4 上海 Shànghǎi

2 Nǐ zài gàn shénme ne?
你在干什么呢?

Wǒ zài shōushi xíngli ne.
我在收拾行李呢。

Wèishénme? Nǐ qù lǚyóu ma?
为什么?你去旅游吗?

Shì de. Zhōumò wǒ qù Shànghǎi.
是的。周末我去上海。

1 1 买 mǎi

2 苹果 píngguǒ

3 一斤 yì jīn

4 多少 duōshao

2 Nín yào mǎi shénme?
您要买什么?

Píngguǒ duōshao qián yì jīn?
苹果多少钱一斤?

Sān kuài wǔ yì jīn.
三块五一斤。

Hǎo, wǒ yào yì jīn.
好，我要一斤。

1 1 件 jiàn

2 七百五十 qībǎi wǔshí

3 便宜 piányi

4 已经 yǐjing

2 Zhè jiàn yīfu duōshao qián?
这件衣服多少钱?

Qībǎi wǔshí kuài qián.
七百五十块钱。

Tài guì le.
太贵了。

Nǐ néng bu néng piányi yìdiǎnr?
你能不能便宜一点儿?

Bù xíng, yǐjing dǎ qī zhé le.
不行，已经打七折了。

1 1 外面 wàimian

2 是吗 shì ma

3 下雨 xiàyǔ

4 着急 zháojí

2 Jīntiān tiānqì zěnmeyàng?
今天天气怎么样?

À, wàimian kuàiyào xiàyǔ le.
啊，外面快要下雨了。

Shì ma? Wǒ méi dài yǔsǎn.
是吗? 我没带雨伞。

Bié zháojí. Wǒ jiè gěi nǐ ba.
别着急。我借给你吧。

1 1 怎么 zěnme

2 车站 chēzhàn

3 往 wǎng

4 十字路口 shízì lùkǒu

2 Qǐngwèn, qù Tiān'ānmén zěnme zǒu?
请问，去天安门怎么走?

Nǐ děi zuò gōnggòng qìchē qù.
你得坐公共汽车去。

Chēzhàn zài nǎr?
车站在哪儿?

Wǎng qián zǒu, dào shízì lùkǒu jiù dào le.
往前走，到十字路口就到了。

1 1 喂 wéi

2 不在 bú zài

3 告诉 gàosu

4 号码 hàomǎ

2 Wéi? Wáng xiānsheng zài ma?
喂? 王先生在吗?

Tā xiànzài bú zài.
他现在不在。

Qǐng gàosu wǒ, tā de shǒujī hàomǎ.
请告诉我，他的手机号码。

Qǐng shāo děng.
请稍等。

Tā de shǒujī hàomǎ shì yāo sān bā….
他的手机号码是138…。

1 1 长城 Chángchéng

2 当然 dāngrán

3 不错 bú cuò

268

4 宏伟 hóngwěi

2 Nǐ qù guo Chángchéng ma?
你去过长城吗？

Dāngrán. Wǒ qù guo sān cì.
当然。我去过三次。

Chángchéng de fēngjǐng
长城的风景

zěnmeyàng?
怎么样？

Zhēn búcuò.
真不错。

Yòu hóngwěi yòu zhuàngguān.
又宏伟又壮观。

CHAPTER 15 본책 224p

1 1 喜欢 xǐhuan

2 足球 zúqiú

3 一起 yìqǐ

4 运动场 yùndòngchǎng

2 Nǐ xǐhuan shénme yùndòng?
你喜欢什么运动？

Wǒ xǐhuan tī zúqiú.
我喜欢踢足球。

Nà wǒmen yìqǐ tī zúqiú ba.
那我们一起踢足球吧。

Hǎo, wǒmen yìqǐ qù yùndòngchǎng
好，我们一起去运动场

tī zúqiú ba.
踢足球吧 。

CHAPTER 16 본책 236p

1 1 头疼 tóuténg

2 发烧 fāshāo

3 厉害 lìhai

4 吃点儿 chī diǎnr

2 Nǐ nǎr bú shūfu?
你哪儿不舒服？

Wǒ tóuténg、késou, Hái yǒudiǎnr fāshāo.
我头疼、咳嗽，还有点儿发烧。

Āiyā, nǐ shāo de hěn lìhai.
哎呀，你烧得很厉害。

Dǎ jǐ zhēn, chī diǎnr yào jiù huì hǎo de.
打几针，吃点儿药就会好的。

CHAPTER 17 본책 248p

1 1 点 diǎn

2 菜 cài

3 请慢用 qǐng mànyòng

4 好吃 hǎochī

2 Huānyíng guānglín.
欢迎光临。

Nín diǎn shénme cài?
您点什么菜？

Wǒ yào gōngbǎo jīdīng hé yúxiāng ròusī.
我要宫保鸡丁和鱼香肉丝。

Zhè shì nín diǎn de cài, qǐng màn yòng.
这是您点的菜，请慢用。

Zhèr de cài, zhēn hǎochī.
这儿的菜，真好吃。

CHAPTER 18 본책 260p

1 1 换钱 huàn qián

2 多少 duōshao

3 人民币 Rénmínbì

4 四百块钱 sìbǎi kuài qián

2 Wǒ xiǎng huàn qián.
我想换钱。

Nín yào huàn duōshao?
您要换多少？

Wǒ xiǎng bǎ sān bǎi Měiyuán
我想把三百美元

huànchéng Rénmínbì.
换成人民币。

Zhè shì nín huàn de
这是您换的

liǎngqiān sìbǎi kuài qián.
两千四百块钱。

CHAPTER 1 본책 38p

- [ ] 뽀어, 포어, 트어, 흐어
- [ ] 치, 쓰, 즈(권설), 르(권설)
- [ ] 아오, 이에, 이오우, 우안
- [ ] 앙, 우언, 엉, 이옹

CHAPTER 2 본책 50p

- [ ] 안녕하세요!
- [ ] 당신은 어떻게 지내세요?
- [ ] 나는 매우 잘 지내요. 당신은요?
- [ ] 나도 매우 잘 지내요. 고마워요.

CHAPTER 3 본책 64p

- [ ] 당신은 어느 나라 사람인가요?
- [ ] 나는 한국인입니다. 당신은요?
- [ ] 나는 중국인입니다. 당신을 알게 되어 매우 기쁩니다.
- [ ] 나도 당신을 알게 되어 매우 기쁩니다.

CHAPTER 4 본책 76p

- [ ] 실례합니다. 당신의 성함은 어떻게 되십니까?
- [ ] 나는 이한송이라고 합니다.
- [ ] 당신은 올해 나이가 어떻게 되시죠?
- [ ] 나는 올해 28살이에요.

CHAPTER 5 본책 88p

- [ ] 당신의 생일은 몇 월 며칠인가요?
- [ ] 나의 생일은 8월 27일이에요.
- [ ] 당신은 무슨 띠예요?
- [ ] 나는 용띠예요.

CHAPTER 6 본책 100p

- [ ] 당신의 가족은 몇 명인가요?
- [ ] 네 명입니다.
- [ ] 가족이 모두 어떻게 되나요?
- [ ] 아버지, 어머니, 남동생 한 명과 내가 있어요.

CHAPTER 7 본책 114p

- [ ] 당신은 어디에 사나요?
- [ ] 나는 베이징에 살아요.
- [ ] 당신의 아버지는 무슨 일을 하시나요?
- [ ] 그는 회사원이에요.

CHAPTER 8 본책 126p

- [ ] 지금 몇 시예요?
- [ ] 지금은 1시 10분이에요.
- [ ] 아! 오늘 무슨 요일이에요?
- [ ] 오늘은 목요일이에요.

CHAPTER 9 본책 138p

- [ ] 당신은 지금 무엇을 하고 있어요?
- [ ] 나는 짐을 꾸리는 중이에요.
- [ ] 왜요? 당신은 여행 가세요?
- [ ] 네, 나는 주말에 상하이에 가요.

본책 150p

- 당신은 무엇을 사려고 하세요?
- 사과 한 근에 얼마예요?
- 한 근에 3위안 5마오입니다.
- 좋아요. 한 근 주세요.

본책 164p

- 이 옷은 얼마인가요?
- 750위안입니다.
- 너무 비싸요. 당신은 조금 싸게 주실 수 있나요?
- 안 돼요. 이미 30% 세일을 한 거예요.

본책 176p

- 오늘 날씨가 어때요?
- 아, 밖에 곧 비가 내리려고 해요.
- 그래요? 나는 우산을 가지고 있지 않아요.
- 조급해하지 마세요. 내가 당신에게 빌려줄게요.

본책 188p

- 말씀 좀 여쭙겠습니다. 천안문 광장은 어떻게 가나요?
- 당신은 버스를 타고 가야 해요.
- 정거장은 어디에 있죠?
- 앞을 향해 걷다가 사거리에 도착하면 바로 도착할 거예요.

본책 200p

- 여보세요? 왕 선생님 계세요?
- 그는 지금 안 계세요.

- 나에게 그의 휴대전화 번호를 알려 주세요.
- 잠시만요. 그의 휴대전화 번호는 138~이에요.

본책 214p

- 당신은 만리장성에 가 본 적이 있나요?
- 당연하죠. 나는 세 번 가 봤어요.
- 만리장성의 풍경은 어때요?
- 정말 좋아요. 웅장하면서도 장관이에요.

본책 226p

- 당신은 무슨 운동을 좋아해요?
- 나는 축구하는 것을 좋아해요.
- 그럼 우리 같이 축구를 해요.
- 좋아요, 우리 같이 운동장에 가서 축구를 해요.

본책 238p

- 당신은 어디가 아프세요?
- 나는 머리가 아프고 기침이 나요. 게다가 열이 조금 나요.
- 이런, 당신은 열이 심해요.
- 주사를 좀 맞고, 약을 먹으면 곧 좋아질 거예요.

본책 250p

- 어서오세요. 당신은 무슨 요리를 주문하시겠어요?
- 나는 꽁바오 지딩하고 위시앙 로우쓰를 주문할게요.
- 여기 당신이 주문한 요리예요. 천천히 드세요.
- 이곳의 요리는 정말 맛있네요.

외국어 출판 40년의 신뢰
외국어 전문 출판 그룹
동양북스가 만드는 책은 다릅니다.

40년의 쉼 없는 노력과 도전으로 책 만들기에 최선을 다해온 동양북스는
오늘도 미래의 가치에 투자하고 있습니다.
대한민국의 내일을 생각하는 도전 정신과 믿음으로 최선을 다하겠습니다.

📖 동양북스

📖 동양북스 추천 교재

회화 코스북

일본어뱅크 다이스키
STEP 1 · 2 · 3 · 4 · 5 · 6 · 7 · 8

일본어뱅크
좋아요 일본어 1 · 2 · 3 · 4 · 5 · 6

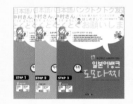

일본어뱅크 도모다찌
STEP 1 · 2 · 3

분야서

일본어뱅크
좋아요 일본어 독해 STEP 1 · 2

일본어뱅크
일본어 작문 초급

일본어뱅크
사진과 함께하는
일본 문화

일본어뱅크
항공 서비스 일본어

가장 쉬운 독학
일본어 현지회화

수험서

일취월장 JPT
독해 · 청해

일취월장 JPT
실전 모의고사 500 · 700

일단 합격하고 오겠습니다
JLPT 일본어능력시험
N1 · N2 · N3 · N4 · N5

일단 합격하고 오겠습니다
JLPT 일본어능력시험
실전모의고사 N1 · N2 · N3 · N4/5

단어 · 한자

특허받은
일어 한자 암기박사

일본어 상용한자 2136
이거 하나면 끝!

일본어뱅크
좋아요 일본어 한자

가장 쉬운 독학
일본어 단어장

일단 합격하고 오겠습니다
JLPT 일본어능력시험
단어장 N1 · N2 · N3

중국어 교재의 최강자, 동양북스 추천 교재

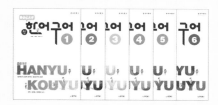

중국어뱅크 북경대학 신한어구어
1 · 2 · 3 · 4 · 5 · 6

중국어뱅크 스마트중국어
STEP 1 · 2 · 3 · 4

중국어뱅크 집중중국어
STEP 1 · 2 · 3 · 4

중국어뱅크
뉴! 버전업 사진으로
보고 배우는 중국문화

중국어뱅크
문화중국어 1 · 2

중국어뱅크
관광 중국어 1 · 2

중국어뱅크
여행실무 중국어

중국어뱅크
호텔 중국어

중국어뱅크
판매 중국어

중국어뱅크
항공 실무 중국어

정반합 新HSK
1급 · 2급 · 3급 · 4급 · 5급 · 6급

일단 합격 新HSK 한 권이면 끝
3급 · 4급 · 5급 · 6급

버전업! 新HSK
VOCA 5급 · 6급

가장 쉬운 독학
중국어 단어장

중국어뱅크
중국어 간체자 1000

특허받은
중국어 한자 암기박사

📖 동양북스 추천 교재

기타외국어 교재의 최강자, 동양북스 추천 교재

중고급 학습

첫걸음 끝내고 보는
프랑스어
중고급의 모든 것

첫걸음 끝내고 보는
스페인어
중고급의 모든 것

첫걸음 끝내고 보는
독일어
중고급의 모든 것

첫걸음 끝내고 보는
태국어
중고급의 모든 것

첫걸음 끝내고 보는
베트남어
중고급의 모든 것

단어장

버전업! 가장 쉬운
프랑스어 단어장

버전업! 가장 쉬운
스페인어 단어장

버전업! 가장 쉬운
독일어 단어장

가장 쉬운 독학
베트남어 단어장

여행 회화

NEW 후다닥
여행 중국어

NEW 후다닥
여행 일본어

NEW 후다닥
여행 영어

NEW 후다닥
여행 독일어

NEW 후다닥
여행 프랑스어

NEW 후다닥
여행 스페인어

NEW 후다닥
여행 베트남어

NEW 후다닥
여행 태국어

수험서 · 교재

한 권으로 끝내는 DELE
어휘 · 쓰기 · 관용구편 (B2~C1)

수능 기초 베트남어
한 권이면 끝!

버전업!
스마트 프랑스어

일단 합격하고 오겠습니다
독일어능력시험
A1 · A2 · B1 · B2

가장 쉬운 독학
중국어 첫걸음

별책부록

워크북

동양북스

차례

문법 정리   3

연습 문제   19

연습 문제 정답   57

문법 정리

본책에서 모두 다루지 못한
CHAPTER를 선별하여 문법 내용을 정리했어요.
상세한 해설과 예문을 통해 문법 실력을
다질 수 있습니다.

인사를 해요!

○ **인칭대사**

중국어에서의 복수형은 인칭대사 뒤에 们 men을 붙여주면 되는데, 우리말의 '~들'이라는 표현이라고 생각하면 돼요.

	단수	복수
1인칭	我 wǒ 나	我们 wǒmen 우리들 (제 3자가 포함되지 않을 수 있음) 咱们 zánmen 우리들 (말하는 사람과 듣는 사람 포함)
2인칭	你 nǐ 너 / 您 nín 당신	你们 nǐmen 너희들
3인칭	他 tā 그 / 她 tā 그녀 它 tā 그것(사물, 동물)	他们 tāmen 그들 她们 tāmen 그녀들 它们 tāmen 그것들

★ **콕콕 정리**

▶ 我们 wǒmen은 '우리'라고 해석하지만, 일반적으로 제 3자를 포함하지 않은 우리만을 가리키는 경우가 많아요.

▶ 咱们 zánmen도 '우리'라고 해석해요. 다만 좀 더 친근한 의미로 많이 쓰여, 실생활에서는 咱 zán만 사용하며 보통 매우 친한 관계에 사용해요.

● 정도부사 **很** hěn

> **很** hěn '매우', '아주' → 감정적인 정도를 나타내요.

· 중국어에서는 자신의 느낌과 감정을 표현하기 위해 很 hěn이라는 표현을 습관적으로 사용하지만 우리말로 항상 해석할 필요 없이 때로는 생략하고 어감만 느끼면 돼요.
· 很 hěn의 부정형 → 不 bù
· 부사는 술어 앞에 오는데 也 yě, 都 dōu, 很 hěn의 세 가지 부사가 함께 쓰일 때는 아래 예와 같아요.

        ① ② ③
예 我们也都很好。 Wǒmen yě dōu hěn hǎo. 우리도 모두 잘 지내요.

국적을 물어봐요.

○ **是** shì

> **是** shì '〜은 〜이다' → 수학의 등식 '='과 같이 주어와 목적어가 동일한 관계임을 나타내요.

- 是 shì의 부정형 → 不是 bú shì '〜이 아니다' 주어≠목적어

1 긍정문

> 주어 + 是 + 목적어

(예) 这是主食。Zhè shì zhǔshí. 이것은 주식입니다.

那是点心。Nà shì diǎnxīn. 저것은 디저트입니다.

2 부정문

是 shì 앞에 부정부사 不 bù를 붙여요.

> 주어 + 不是 + 목적어

(예) 这不是主食。Zhè búshì zhǔshí. 이것은 주식이 아닙니다.

那不是点心。Nà búshì diǎnxīn. 저것은 디저트가 아닙니다.

3 일반 의문문

문장 끝에 吗 ma를 붙여요.

> 주어 + (不)是 + 목적어 + 吗?

(예) A : 这是汉堡包吗? Zhè shì hànbǎobāo ma? 이것은 햄버거입니까?

B : 是，这是汉堡包。Shì, zhè shì hànbǎobā. 네, 이것은 햄버거입니다.

4 정반 의문문

'긍정 + 부정' 형식으로 이루어진 의문문이에요.

> 주어 + 是不是 + 목적어?

(예) A : 这是不是可乐? Zhè shì bu shì kělè? 이것은 콜라입니까?

B : 不是，这是汽水。Búshì, zhè shì qìshuǐ. 아니요, 사이다입니다.

생일 날짜를 물어봐요.

○ 的 de 자문

> 的 de '~의', '~의 것', '~한' → '소유'나 '소속관계', '묘사'를 나타내요.

1 소유의 의미

예 我的钱包 wǒ de qiánbāo 나의 지갑

我的书 wǒ de shū 나의 책

2 소속관계, 가족이나 인간관계, 두 단어가 긴밀히 연결되어 숙어처럼 인식 될 때 的는 생략

예 我朋友 wǒ péngyou 내 친구

我公司 wǒ gōngsī 우리 회사

3 묘사의 의미

예 漂亮的衣服 piàoliang de yīfu 예쁜 옷

聪明的孩子 cōngming de háizi 똑똑한 아이

가족 수를 물어봐요.

● 有 yǒu

> 有 yǒu '가지고 있다', '존재하다' → '소유'와 '존재'를 나타내요.

· 有 yǒu 뒤에는 구체적인 대상이 오거나 때로는 추상적인 대상이 존재함을 나타내요.

1 주어가 생물일 때 → '가지고 있다'라는 소유의 의미

例 我有女朋友。 Wǒ yǒu nǚpéngyou. 나는 여자친구가 (가지고) 있다.

2 주어가 무생물일 때 → '존재한다'라는 의미

例 桌子上有一本书。 Zhuōzishang yǒu yì běn shū. 책상 위에 한 권의 책이 있다.

· 有 yǒu의 부정형 → 没有 méiyǒu

例 我没有女朋友。 Wǒ méiyǒu nǚpéngyou. 나는 여자친구가 없다.

★ 콕콕 정리

주어 (생물/무생물)	+	有	+	목적어 (구체적 대상/추상적 대상)

CHAPTER 07

시간, 요일을 물어봐요.

○ **差** chà

> 差 chà '차이가 나다', '부족하다', '모자라다' → 다만, 시간에서 사용할 때 '~전'으로 쓰여요.

- 시간에서 '~전'이라고 할 때는 差 chà라는 단어를 많이 사용해요.

예 差一刻三点。 Chà yíkè sān diǎn. 3시 15분 전.
► 一刻 yíkè: 15분

★ **돌발 퀴즈!**

다음 문장의 알맞은 뜻은?

差三刻两点

① 2시 45분 ② 2시 45분 전 ③ 3시 45분 ④ 3시 45분 전

답 ②

○ **날짜·시간**

> 날짜

- 기간을 표시할 때 天 tiān, 날짜를 표시할 때는 日 rì를 사용해요.

예 两天 liǎng tiān 이틀
► 회화에서는 주로 号 hào를 사용.

一月一号是元旦。 Yī yuè yī hào shì Yuándàn. 1월 1일은 원단입니다.

> 시간

- 시간의 양은 小时 xiǎoshí, 시각은 点 diǎn을 사용해요.

예 两个小时 liǎng ge xiǎoshí 2시간

三点 sān diǎn 3시

◎ 연 · 월 · 주 · 일

· 연 年 nián

| 前年 qiánnián 재작년 | 去年 qùnián 작년 | 今年 jīnnián 올해 | 明年 míngnián 내년 | 后年 hòunián 내후년 |

· 월 月 yuè

上个月 shàngge yuè 지난달 — 这个月 zhège yuè 이번 달 — 下个月 xiàge yuè 다음 달

这个月初 zhège yuè chū 이번 달 초 — 这个月底 zhège yuè dǐ 이번 달 말

· 주 周 zhōu

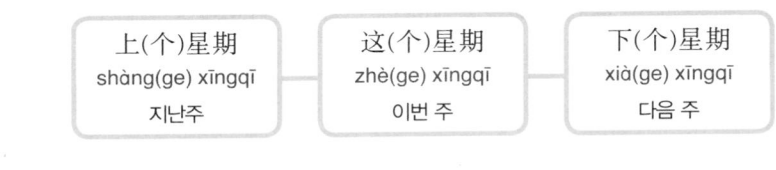

上(个)星期 shàng(ge) xīngqī 지난주 — 这(个)星期 zhè(ge) xīngqī 이번 주 — 下(个)星期 xià(ge) xīngqī 다음 주

· 일 天 tiān

前天 qiántiān 그제 — 昨天 zuótiān 어제 — 今天 jīntiān 오늘 — 明天 míngtiān 내일 — 后天 hòutiān 모레

CHAPTER
08

지금 하고 있는 동작을 물어봐요.

◉ **진행형 在** zài

在 zài 진행형 '~하고 있는 중이다'

• 진행형을 만들고 싶으면 동작형 동사 앞에 在 zài를 붙이면 돼요.

1 기본형

► 어기조사 呢 ne는 생략이 가능

주어 + (正)在 + 동사 (+ 목적어) + (呢)

예 他(正)在看报。Tā (zhèng)zài kàn bào. 그는 지금 신문을 보고 있어요.

她在睡觉(呢)。Tā zài shuìjiào (ne). 그녀는 잠을 자고 있어요.

2 부정형

주어 + 没有 + 동사(+ 목적어)

예 他没有看报。Tā méiyǒu kàn bào. 그는 신문을 보고 있지 않아요.

가격을 물어봐요.

주요 양사

양사란?

• 우리말에서도 명사를 셀 때, 예를 들어 책을 셀 때는 '권', 나무를 셀 때는 '그루'로 말
하듯이 중국어에도 이런 단위를 표현하는 어휘가 있는데, 이것을 양사라고 해요. 이
외에도 동사의 동작 횟수를 세는 양사도 있어요.

> 예 一本书 yì běn shū 책 한 권 → 수사 + 양사 + 명사
> └──→ 양사(권)
>
> 看一遍 kàn yí biàn 한 번 보다 → 동사 + 수사 + 양사
> └──→ 양사(번)

주요 양사

• 把 bǎ : 손잡이, 손으로 쥘 수 있는 물건의 단위(자루, 한 움큼)

> 예 刀 dāo 칼 / 雨伞 yǔsǎn 우산

• 杯 bēi : 잔에 담아 셀 수 있는 물건의 단위(잔)

> 예 茶 chá 차 / 咖啡 kāfēi 커피

• 本 běn : 서적류를 세는 단위(권)   예 小说 xiǎoshuō 소설

• 个 ge : 가장 보편적으로 사용하는 양사(개, 사람한테도 사용)

> 예 人 rén 사람 / 鸡蛋 jīdàn 달걀

• 封 fēng : 편지류를 세는 단위(통)   예 信 xìn 편지

• 双 shuāng : 짝을 이룬 물건의 단위(짝, 쌍)   예 鞋 xié 신발 / 袜子 wàzi 양말

• 遍 biàn : 처음부터 끝까지 횟수를 세는 단위(번, 차례)

> 예 说一遍 shuō yí biàn 한 차례 말하다

• 次 cì : 사물·동작의 횟수를 세는 단위(번)   예 看一次 kàn yí cì 한 번 보다

CHAPTER 11

날씨를 물어봐요.

○ 방위사

· 방위사란?

앞, 뒤, 위, 아래 등의 방향을 지시하는 말이에요.

	단순 방위사	복합 방위사 (단순 방위사 + 边 biān)
동	东 dōng	东边 dōngbian 동쪽
남	南 nán	南边 nánbian 남쪽
서	西 xī	西边 xībian 서쪽
북	北 běi	北边 běibian 북쪽
위	上 shàng	上边 shàngbian 위쪽
아래	下 xià	下边 xiàbian 아래쪽
앞	前 qián	前边 qiánbian 앞쪽
뒤	后 hòu	后边 hòubian 뒤쪽
안	里 lǐ	里边 lǐbian 안쪽
밖	外 wài	外边 wàibian 바깥쪽
좌	左 zuǒ	左边 zuǒbian 왼쪽
우	右 yòu	右边 yòubian 오른쪽

· 중간은 中间 zhōngjiān, 옆은 旁边 pángbiān, 근처는 附近 fùjìn

· 边 biān은 원래 1성이나, 뒤 음절에 쓰일 때 경성으로 발음해요.

★ 예외 – 旁边 pángbiān은 1성

⊙ **快要……了** kuàiyào……le

> **……了** …… le

- 시간이나 어떠한 상황이 곧 임박했음을 의미
- 가까운 미래에 '곧 ~할 것이다'로 해석

  = 就要……了 jiùyào……le

  = 快……了 kuài…… le

  = 要……了 yào…… le

  * 모두 뜻은 같지만, 쓰임이 조금씩 달라요!

1 就要……了 jiùyào……le → 구체적인 시간을 나타냄

(*快要……了 / 快……了는 불가능)

예 火车还有十分钟就要开了。(O)
Huǒchē háiyǒu shí fēnzhōng jiùyào kāi le.

火车还有十分钟快要开了。(X)
Huǒchē háiyǒu shí fēnzhōng kuàiyào kāi le.

2 快……了 kuài……le → 나이와 같은 수량사를 넣을 수 있음

예 快四十了。Kuài sìshí le. 곧 마흔이 되려고 해.

→ 快要……了 / 就要……了 불가능

→ 시간과 같은 표현에도 사용

예 快十二点了，要下课了。(O)
Kuài shí'èr diǎn le, yào xiàkè le.

快要十二点了，要下课了。(X)
Kuàiyào shí'èr diǎn le, yào xiàkè le.

길을 물어봐요.

○ **往** wǎng / **向** xiàng

> **往** wǎng '~를 향해' → 동작(행동)의 방향이나 도달점과 같은 구체적인 표현에 사용

· 往 뒤에는 구체적인 방향이나 장소가 와요.

예 往前走。 Wǎng qián zǒu. 앞으로 향해 가다.

向 xiàng '~를 향해' → 往과 의미는 같으나 往은 구체적인 방향만 나타낼 수 있고, 向은 구체적인 방향 외에도 추상적인 의미도 나타낼 수 있어요.

· 向 뒤에는 구체적인 방향이나 장소, 추상적인 개념이나 사람도 올 수 있어요.

예 走向胜利。 Zǒu xiàng shènglì. 승리를 향해 나아가다.

★ 콕콕 정리

往 + 방향 · 장소

向 + 방향 · 장소 / 추상적 의미 / 사람

CHAPTER 16

어디가 아픈지 물어봐요.

정도보어

- 정도보어란?

  서술어인 동사나 형용사 뒤에 놓여 동작이나 행위, 성질, 상태를 더욱 자세하게 설명
  해주는 문장성분

  주어 + 동사/형용사 + 得 + 보어

  예 她吃<u>得</u>很快。 Tā chī de hěn kuài. 그녀는 빨리 먹는다. (먹는 정도가 빠르다)

  我高兴<u>得</u>很。 Wǒ gāoxìng de hěn. 나는 매우 기쁘다. (기쁜 정도가 매우 크다)

- 정도보어를 부정할 때는 보어 뒤에서 不 bù로 부정

  예 爸爸走<u>得</u>不快。 Bàba zǒu de bú kuài. 아버지께서는 걸음이 빠르지 않다.

- 일반의문문은 문장 끝에 吗 ma를 붙여주고 정반의문문은 보어 부분을 반복

  예 他来<u>得</u>晚吗? Tā lái de wǎn ma? → 일반의문문   ┐
  他来<u>得</u>晚不晚? Tā lái de wǎn bu wǎn? → 정반의문문   ┘ → 그는 늦게 오나요?
  (그는 오는 것이 늦나요?)

★ 得 de, 的 de의 비교

① 得: 정도보어를 표시해요.

예 她跑<u>得</u>很快。 Tā pǎo de hěn kuài. 그녀는 빨리 달린다.

② 的: '~의', '~하는'이라고 해석되며 수식의 기능을 하는 관형어를 만들어 줘요.

예 他<u>得</u>手机 tā de shǒujī 그의 휴대전화

환전을 해 봐요.

○ 把 bǎ 구문

- 把 bǎ구문의 역할은? 목적어를 강조!   ▶동사 뒤에 반드시 기타 성분이 필요!

    주어 + 把 + 목적어 + 동사 + 기타 성분

- 예 她把门关上了。Tā bǎ mén guān shang le. 그녀는 문을 닫았다.

- 기타 성분으로 결과보어, 정도보어, 동사의 중첩형, 동태조사 了 le 등이 사용 가능해요.

- 把 bǎ로 도치되는 목적어는 일반적인 것이 아니라 특정한 것, 예를 들어 '눈 앞에 있는 메뉴', '이 일' 등이어야 합니다.

- 예 把菜单给我。Bǎ càidān gěi wǒ. 메뉴를 제게 주세요.

    我把这件事儿忘了。Wǒ bǎ zhè jiàn shìr wàng le. 나는 이 일을 다 잊었어요.

- 把 bǎ가 있는 문장에 조동사가 있으면 把 bǎ는 조동사 뒤에 와요.

★ 콕콕 정리

주어	조동사	把	목적어	동사	기타 성분
他 tā	能 néng	把 bǎ	抄饭 chǎofàn	吃 chī	光了 guāng le
그는	~할 수 있다	~을/를	볶음밥	먹다	결과보어/조사

연습 문제

본책의 내용을 바탕으로 한 다양한 문제를 담았어요.
新HSK를 대비하고 작문 실력도 높일 수 있습니다.

1 녹음을 듣고 알맞은 뜻을 고르세요.

① 좋다

② 당신

③ 나

④ 고맙다

2 녹음을 듣고 가장 알맞은 문장을 고르세요.

> 你好吗? 당신은 어떻게 지내세요?

① Ní hǎo ma?

② Ní háo ma?

③ Nǐ hǎo ma?

④ Nǐ hǎo má?

3 다음 문장을 가장 알맞게 해석한 것을 고르세요.

> 我很好。

① 그도 매우 잘 지내요.

② 그들은 매우 잘 지내요.

③ 저도 매우 잘 지내요.

④ 나는 매우 잘 지내요.

4　괄호 안의 단어가 들어갈 알맞은 위치를 고르세요.

> A 我 B 很 C 好 D 。(也)
>
> 나도 매우 잘 지내요.

① A　　　　　② B　　　　　③ C　　　　　④ D

쓰기 (1문제)

5　단어를 바르게 배열하여 우리말에 맞는 문장을 만든 후, 큰 소리로 읽어 보세요.

안녕하세요!

好 / 你

_____ !

당신은 어떻게 지내세요?

吗 / 你 / 好

_____ ?

나는 매우 잘 지내요. 당신은요?

很 / 你 / 呢 / 好 / 我

_____ ?

나도 매우 잘 지내요. 고마워요.

也 / 谢谢 / 好 / 很 / 我

_____ 。

듣기 (2문제)　W_02_01 / 02

1 녹음을 듣고 알맞은 뜻을 고르세요.

① 중국인

② 기쁘다

③ 만나다

④ 한국인

2 녹음을 듣고 가장 알맞은 문장을 고르세요.

> 我是中国人。 나는 중국인입니다.

① Wǒ shí Zhōngguórén.

② Wǒ shì Zhōngguórén.

③ Wó shì Zhōngguórén.

④ Wó shì Zhòngguórén.

독해 (2문제)

3 다음 문장을 가장 알맞게 해석한 것을 고르세요.

> 认识你我也很高兴。

① 나도 당신을 알게 되어 매우 기쁩니다.

② 그를 알게 되어 매우 기쁩니다.

③ 그녀를 알게 되어 매우 기쁩니다.

④ 선생님을 알게 되어 매우 기쁩니다.

4 괄호 안의 단어가 들어갈 알맞은 위치를 고르세요.

> 你 A 是 B 国 C 人 D？ (哪)
>
> 당신은 어느 나라 사람인가요?

① A   ② B   ③ C   ④ D

쓰기 (1문제)

5 단어를 바르게 배열하여 우리말에 맞는 문장을 만든 후, 큰 소리로 읽어 보세요.

당신은 어느 나라 사람인가요?

国 / 你 / 是 / 哪 / 人

_____?

나는 한국인입니다. 당신은요?

呢 / 韩国人 / 我 / 你 / 是

_____?

나는 중국인입니다. 당신을 알게 되어 매우 기쁩니다.

中国人 / 我 / 认识 / 很高兴 / 你 / 是

_____。

나도 당신을 알게 되어 매우 기쁩니다.

很高兴 / 认识 / 你 / 我 / 也

_____。

1 녹음을 듣고 알맞은 뜻을 고르세요.

① 무엇

② 당신

③ 이름

④ 올해

2 녹음을 듣고 가장 알맞은 문장을 고르세요.

> 你今年多大? 당신은 올해 나이가 어떻게 되시죠?

① Nǐ jīnnián duō dà?

② Ní jīnnián duō dà?

③ Nǐ jìnnián duō dà?

④ Ní jīnnián duō da?

독해 (2문제)

3 다음 문장을 가장 알맞게 해석한 것을 고르세요.

> 我今年二十八岁。

① 나는 작년에 38살이었어요.

② 나는 내년에 28살이에요.

③ 나는 올해 38살이에요.

④ 나는 올해 28살이에요.

4 괄호 안의 단어가 들어갈 알맞은 위치를 고르세요.

> A 你 B 叫 C 名字 D ? （什么)
>
> 당신의 성함은 어떻게 되십니까?

① A   ② B   ③ C   ④ D

5 단어를 바르게 배열하여 우리말에 맞는 문장을 만든 후, 큰 소리로 읽어 보세요.

실례합니다. 당신의 성함은 어떻게 되십니까?

叫 / 请问 / 你 / 什么 / 名字

_____?

나는 이한송이라고 합니다.

李韩松 / 我 / 叫

_____。

당신은 올해 나이가 어떻게 되시죠?

多大 / 你 / 今年

_____?

나는 올해 28살이에요.

今年 / 二十八 / 岁 / 我

_____。

듣기 (2문제)　　W_04_01 / 02

1 녹음을 듣고 알맞은 뜻을 고르세요.

① 용

② 생일

③ 월

④ (십이간지의) 띠

2 녹음을 듣고 가장 알맞은 문장을 고르세요.

> 我属龙。 나는 용띠예요.

① Wó shú lóng.

② Wó shǔ róng.

③ Wǒ shǔ róng.

④ Wǒ shǔ lóng.

독해 (2문제)

3 다음 문장을 가장 알맞게 해석한 것을 고르세요.

> 我的生日是八月二十七号。

① 그의 생일은 8월 20일이에요.

② 그의 생일은 8월 27일이에요.

③ 나의 생일은 8월 20일이에요.

④ 나의 생일은 8월 27일이에요.

4 괄호 안의 단어가 들어갈 알맞은 위치를 고르세요.

> 你的生日是 A 几 B 月 C 几 D 。(号)
>
> 당신의 생일은 몇 월 며칠인가요?

① A   ② B   ③ C   ④ D

쓰기 (1문제)

5 단어를 바르게 배열하여 우리말에 맞는 문장을 만든 후, 큰 소리로 읽어 보세요.

당신의 생일은 몇 월 며칠인가요?

几月 / 是 / 你的生日 / 几号

_____ ?

나의 생일은 8월 27일이에요.

是 / 八月 / 我的生日 / 二十七号

_____ 。

당신은 무슨 띠예요?

什么 / 你 / 属

_____ ?

나는 용띠예요.

属 / 我 / 龙

_____ 。

1 녹음을 듣고 알맞은 뜻을 고르세요.

① 당신

② 어머니

③ 아버지

④ 남동생

2 녹음을 듣고 가장 알맞은 문장을 고르세요.

> 四口人。네 명입니다.

① Shì kóu rén.

② Shì kǒu rén.

③ Sì kóu rén.

④ Sì kǒu rén.

독해 (2문제)

3 다음 문장을 가장 알맞게 해석한 것을 고르세요.

> 爸爸、妈妈、一个弟弟和我。

① 아버지, 어머니, 여동생 한 명과 내가 있어요.

② 아버지, 어머니, 남동생 한 명이 있어요.

③ 아버지, 어머니, 누나 한 명과 내가 있어요.

④ 아버지, 어머니, 남동생 한 명과 내가 있어요.

4 괄호 안의 단어가 들어갈 알맞은 위치를 고르세요.

> 你家 A 有 B 口 D 人 。（几）
>
> 당신의 가족은 몇 명인가요?

① A   ② B   ③ C   ④ D

쓰기 (1문제)

5 단어를 바르게 배열하여 우리말에 맞는 문장을 만든 후, 큰 소리로 읽어 보세요.

당신의 가족은 몇 명인가요?

几 / 你家 / 口 / 人 / 有

_____?

네 명입니다.

四 / 人 / 口

_____。

가족이 모두 어떻게 되나요?

什么 / 都 / 人 / 有

_____?

아버지, 어머니, 남동생 한 명과 내가 있어요.

我 / 一个 / 爸爸 / 弟弟 / 妈妈 / 和

_____。

1 녹음을 듣고 알맞은 뜻을 고르세요.

① 어디

② 베이징

③ 일

④ 회사원

2 녹음을 듣고 가장 알맞은 문장을 고르세요.

> 我住在北京。 나는 베이징에 살아요.

① Wǒ zhù zài Běijīng.

② Wǒ zhù zài Běijing.

③ Wó zhù zài Běijīng.

④ Wó zhù zai Běijīng.

독해 (2문제)

3 다음 문장을 가장 알맞게 해석한 것을 고르세요.

> 他是公司职员。

① 그는 회사원이에요.

② 그는 선생님이에요.

③ 그녀는 회사원이에요.

④ 그녀는 의사예요.

4 괄호 안의 단어가 들어갈 알맞은 위치를 고르세요.

> A 你 B 在 C 哪儿 D？(住)
>
> 당신은 어디에 사나요?

① A   ② B   ③ C   ④ D

쓰기 (1문제)

5 단어를 바르게 배열하여 우리말에 맞는 문장을 만든 후, 큰 소리로 읽어 보세요.

당신은 어디에 사나요?

你 / 在 / 住 / 哪儿

_____?

나는 베이징에 살아요.

北京 / 住 / 在 / 我

_____。

당신의 아버지는 무슨 일을 하시나요?

你爸爸 / 工作 / 什么 / 做

_____?

그는 회사원이에요.

公司 / 职员 / 是 / 他

_____。

1 녹음을 듣고 알맞은 뜻을 고르세요.

① 시(時)

② 목요일

③ 지금

④ 오늘

2 녹음을 듣고 가장 알맞은 문장을 고르세요.

> 今天星期几？ 오늘 무슨 요일이에요?

① Jìntiān xīngqī jǐ?

② Jīntián xīngqī jǐ?

③ Jīntiān xīngqí jǐ?

④ Jīntiān xīngqī jǐ?

독해 (2문제)

3 다음 문장을 가장 알맞게 해석한 것을 고르세요.

> 今天星期四。

① 오늘은 4일이에요.

② 오늘은 목요일이에요.

③ 오늘은 금요일이에요.

④ 오늘은 5일이에요.

4 괄호 안의 단어가 들어갈 알맞은 위치를 고르세요.

> 现在 A 一 B 点 C 十 D 。（分)
>
> 지금 1시 10분이에요.

① A   ② B   ③ C   ④ D

쓰기 (1문제)

5 단어를 바르게 배열하여 우리말에 맞는 문장을 만든 후, 큰 소리로 읽어 보세요.

지금 몇 시예요?

点 / 几 / 现在

_____?

지금 1시 10분이에요.

十 / 分 / 现在 / 点 / 一

_____。

아! 오늘 무슨 요일이에요?

啊 / 星期 / 今天 / 几

_____?

오늘은 목요일이에요.

星期四 / 今天

_____。

🎧 W_08_01/02

1 녹음을 듣고 알맞은 뜻을 고르세요.

① 짐

② 여행

③ 정리하다

④ 주말

2 녹음을 듣고 가장 알맞은 문장을 고르세요.

> 你去旅游吗?   당신은 여행가세요?

① Nǐ qù lǚyóu ma?

② Ní qù lǚyóu ma?

③ Nǐ qù lǚyóu ma?

④ Ní qù lǚyǒu ma?

3 다음 문장을 가장 알맞게 해석한 것을 고르세요.

> 周末我去上海。

① 나는 주말에 상하이에 가요.

② 나는 주말에 베이징에 가요.

③ 나는 내일 상하이에 가요.

④ 나는 내일 베이징에 가요.

4 괄호 안의 단어가 들어갈 알맞은 위치를 고르세요.

> 你 A 干 B 什么 C 呢 D ?　(在)
>
> 당신은 지금 무엇을 하고 있어요?

① A　　　　　② B　　　　　③ C　　　　　④ D

5 단어를 바르게 배열하여 우리말에 맞는 문장을 만든 후, 큰 소리로 읽어 보세요.

당신은 지금 무엇을 하고 있어요?

在 / 你 / 什么 / 呢 / 干

_____?

나는 짐을 꾸리는 중이에요.

收拾 / 我 / 在 / 呢 / 行李

_____。

왜요? 당신은 여행가세요?

旅游 / 为什么 / 你 / 吗 / 去

_____?

네. 나는 주말에 상하이에 가요.

是的 / 去 / 周末 / 我 / 上海

_____。

W_09_01/02

1 녹음을 듣고 알맞은 뜻을 고르세요.

① 필요하다

② 사다

③ 종류

④ 사과

2 녹음을 듣고 가장 알맞은 문장을 고르세요.

> 我要一斤。 한 근 주세요.

① Wǒ yào yì jīn.

② Wǒ yào yí jīn.

③ Wó yào yǐ jīn.

④ Wó yāo yì jīn.

독해 (2문제)

3 다음 문장을 가장 알맞게 해석한 것을 고르세요.

> 三块五一斤。

① 세 근에 5위안 5마오입니다.

② 세 근에 5위안 1마오입니다.

③ 한 근에 3위안 1마오입니다.

④ 한 근에 3위안 5마오입니다.

4 괄호 안의 단어가 들어갈 알맞은 위치를 고르세요.

> A 苹果 B 钱 C 一斤 D？ (多少)
>
> 사과 한 근에 얼마예요?

① A   ② B   ③ C   ④ D

쓰기 (1문제)

5 단어를 바르게 배열하여 우리말에 맞는 문장을 만든 후, 큰 소리로 읽어 보세요.

당신은 무엇을 사려고 하세요?

买 / 您 / 什么 / 要

_____。

사과 한 근에 얼마예요?

一斤 / 多少 / 苹果 / 钱

_____。

한 근에 3위안 5마오입니다.

一斤 / 三 / 五 / 块

_____。

좋아요. 한 근 주세요.

一斤 / 要 / 好 / 我

_____。

🎧 W_10_01 / 02

1 녹음을 듣고 알맞은 뜻을 고르세요.

① 세일하다

② 이미

③ 싸다

④ 비싸다

2 녹음을 듣고 가장 알맞은 문장을 고르세요.

> 你能不能便宜一点儿? 당신은 조금 싸게 주실 수 있나요?

① Nǐ néng bu néng piányí yīdiǎnr?

② Nǐ néng bu néng piányi yìdiǎnr?

③ Nǐ néng bù néng piányí yīdiǎnr?

④ Nǐ néng bù néng piányí yìdiǎnr?

3 다음 문장을 가장 알맞게 해석한 것을 고르세요.

> 已经打七折了。

① 이미 7% 세일을 한 거예요.

② 이미 70% 세일을 한 거예요.

③ 이미 3% 세일을 한 거예요.

④ 이미 30% 세일을 한 거예요.

4 괄호 안의 단어가 들어갈 알맞은 위치를 고르세요.

> 这 A 衣服 B 多少 C 钱 D？（件）
>
> 이 옷은 얼마인가요?

① A   ② B   ③ C   ④ D

쓰기 (1문제)

5 단어를 바르게 배열하여 우리말에 맞는 문장을 만든 후, 큰 소리로 읽어 보세요.

이 옷은 얼마인가요?

多少 / 件 / 钱 / 这 / 衣服

_____?

750위안입니다.

七百五十 / 钱 / 块

_____。

너무 비싸요. 당신은 조금 싸게 주실 수 있나요?

贵 / 能不能 / 太 / 一点儿 / 便宜 / 了 / 你

_____?

안 돼요. 이미 30% 세일을 한 거예요.

已经 / 不行 / 打 / 了 / 折 / 七

_____。

W_11_01/02

1 녹음을 듣고 알맞은 뜻을 고르세요.

① 우산

② 날씨

③ 조급하다

④ 빌려주다

2 녹음을 듣고 가장 알맞은 문장을 고르세요.

> 别着急。 조급해 하지 마세요.

① Bié zháojí.

② Bié zhāojí.

③ Biě zhāojí.

④ Biě zháoji.

독해 (2문제)

3 다음 문장을 가장 알맞게 해석한 것을 고르세요.

> 我没带雨伞。

① 그녀는 우산을 가지고 있지 않아요.

② 그는 우산을 가지고 있지 않아요.

③ 나는 우산을 가지고 있지 않아요.

④ 나는 우산을 가지고 있어요.

4 괄호 안의 단어가 들어갈 알맞은 위치를 고르세요.

> 我 A 给 B 你 C 吧 D 。 (借)
>
> 내가 당신에게 빌려줄게요.

① A   ② B   ③ C   ④ D

쓰기 (1문제)

5 단어를 바르게 배열하여 우리말에 맞는 문장을 만든 후, 큰 소리로 읽어 보세요.

오늘 날씨가 어때요?

天气 / 怎么样 / 今天

_____?

아, 밖에 곧 비가 내리려고 해요.

快要 / 了 / 啊 / 下雨 / 外面

_____。

그래요? 나는 우산을 가지고 있지 않아요.

是吗 / 雨伞 / 没 / 我 / 带

_____。

조급해하지 마세요. 내가 당신에게 빌려줄게요.

着急 / 借 / 别 / 我 / 给 / 吧 / 你

_____。

1 녹음을 듣고 알맞은 뜻을 고르세요.

① 타다

② 사거리

③ 버스

④ 정거장

2 녹음을 듣고 가장 알맞은 문장을 고르세요.

> 车站在哪儿? 정거장은 어디에 있죠?

① Cēzhàn zài nár?

② Cēzàn zài nǎr?

③ Chēzhàn zài nǎr?

④ Chēzhan zài nǎr?

독해 (2문제)

3 다음 문장을 가장 알맞게 해석한 것을 고르세요.

> 去天安门怎么走?

① 천단 공원에 어떻게 가나요?

② 천단 공원에 갈 수 있나요?

③ 천안문 광장은 어떻게 가나요?

④ 천안문 광장은 갈 수 있나요?

4 괄호 안의 단어가 들어갈 알맞은 위치를 고르세요.

> 你 A 得 B 公共汽车 C 去 D 。(坐)
>
> 당신은 버스를 타고 가야 해요.

① A   ② B   ③ C   ④ D

5 단어를 바르게 배열하여 우리말에 맞는 문장을 만든 후, 큰 소리로 읽어 보세요.

말씀 좀 여쭙겠습니다. 천안문 광장은 어떻게 가나요?

怎么 / 请问 / 天安门 / 去 / 走

_____?

당신은 버스를 타고 가야 해요.

去 / 得 / 你 / 公共汽车 / 坐

_____。

정거장은 어디에 있죠?

车站 / 哪儿 / 在

_____?

앞을 향해 걷다가 사거리에 도착하면 바로 도착할 거예요.

到 / 往前 / 走 / 十字路口 / 就 / 到了

_____。

듣기 (2문제) 🎧 W_13_01 / 02

1 녹음을 듣고 알맞은 뜻을 고르세요.

① 번호

② 알리다

③ 휴대전화

④ 지금

2 녹음을 듣고 가장 알맞은 문장을 고르세요.

> 请稍等。 잠시만요.

① Qǐng shāo děng.

② Qǐng shāo déng.

③ Qíng shāo déng.

④ Qíng sháo déng.

독해 (2문제)

3 다음 문장을 가장 알맞게 해석한 것을 고르세요.

> 他现在不在。

① 그녀는 지금 계세요.

② 그는 지금 계세요.

③ 그녀는 지금 안 계세요.

④ 그는 지금 안 계세요.

4 괄호 안의 단어가 들어갈 알맞은 위치를 고르세요.

> 请 A 我，B 他的 C 手机 号码 D。（告诉）
>
> 나에게 그의 휴대전화 번호를 알려 주세요.

① A   ② B   ③ C   ④ D

쓰기 (1문제)

5 단어를 바르게 배열하여 우리말에 맞는 문장을 만든 후, 큰 소리로 읽어 보세요.

여보세요? 왕 선생님 계세요?

王先生 / 喂 / 吗 / 在

_____?

그는 지금 안 계세요.

不在 / 他 / 现在

_____。

나에게 그의 휴대전화 번호를 알려 주세요.

告诉 / 他的 / 我 / 号码 / 请 / 手机

_____。

잠시만요. 그의 휴대전화 번호는 138~이에요.

138 / 请 / 等 / 他的 / 手机号码 / 稍 / 是

_____。

🎧 W_14_01 / 02

1 녹음을 듣고 알맞은 뜻을 고르세요.

① 만리장성

② 풍경

③ 웅장하다

④ 장관이다

2 녹음을 듣고 가장 알맞은 문장을 고르세요.

> 真不错。정말 좋아요.

① Zēn bù cuò.

② Zhēn bù cuò.

③ Zhēn bú cuò.

④ Zēn bú cuò.

3 다음 문장을 가장 알맞게 해석한 것을 고르세요.

> 我去过三次。

① 나는 한 번 가봤어요.

② 나는 두 번 가 봤어요.

③ 나는 세 번 가 봤어요.

④ 나는 안 가봤어요.

4 괄호 안의 단어가 들어갈 알맞은 위치를 고르세요.

你 A 去 B 长城 C 吗 D？(过)

당신은 만리장성에 가 본적이 있나요?

① A   ② B   ③ C   ④ D

쓰기 (1문제)

5 단어를 바르게 배열하여 우리말에 맞는 문장을 만든 후, 큰 소리로 읽어 보세요.

당신은 만리장성에 가 본 적이 있나요?

过 / 你 / 长城 / 吗 / 去

_____ ?

당연하죠. 나는 세 번 가 봤어요.

去 / 当然 / 过 / 三 / 次 / 我

_____ 。

만리장성의 풍경은 어때요?

风景 / 的 / 长城 / 怎么样

_____ ?

정말 좋아요. 웅장하면서도 장관이에요.

不错 / 又壮观 / 真 / 又宏伟

_____ 。

1 녹음을 듣고 알맞은 뜻을 고르세요.

① 운동장

② 운동

③ 좋아하다

④ 축구

2 녹음을 듣고 가장 알맞은 문장을 고르세요.

> 我喜欢踢足球。 나는 축구하는 것을 좋아해요.

① Wǒ xǐhuān tī zúqiú.

② Wǒ xǐhuan tī zúqiú.

③ Wó xǐhuan tī zúqiú.

④ Wó xǐhuān tī zúqiu.

독해 (2문제)

3 다음 문장을 가장 알맞게 해석한 것을 고르세요.

> 那我们一起踢足球吧。

① 그럼 우리 같이 축구를 해요.

② 그럼 오늘 같이 축구를 해요.

③ 그럼 내일 같이 축구를 해요.

④ 그럼 모레 같이 축구를 해요.

4 괄호 안의 단어가 들어갈 알맞은 위치를 고르세요.

> A 你 B 什么 C 运动 D？(喜欢)
>
> 당신은 무슨 운동을 좋아해요?

① A   ② B   ③ C   ④ D

쓰기 (1문제)

5 단어를 바르게 배열하여 우리말에 맞는 문장을 만든 후, 큰 소리로 읽어 보세요.

당신은 무슨 운동을 좋아해요?

运动 / 喜欢 / 什么 / 你

_____?

나는 축구하는 것을 좋아해요.

足球 / 我 / 喜欢 / 踢

_____。

그럼 우리 같이 축구를 해요.

我们 / 那 / 一起 / 足球 / 吧 / 踢

_____。

좋아요, 우리 같이 운동장에 가서 축구를 해요.

好 / 吧 / 一起 / 去 / 我们 / 运动场 / 足球 / 踢

_____。

듣기 (2문제) W_16_01/02

1 녹음을 듣고 알맞은 뜻을 고르세요.

① 약

② 의사

③ 심하다

④ 기침(하다)

2 녹음을 듣고 가장 알맞은 문장을 고르세요.

> 你烧得很厉害。당신은 열이 심해요.

① Nǐ shāo dé hěn lìhai.

② Nǐ shāo de hěn lìhai.

③ Nǐ shāo de hěn lìhài.

④ Nǐ shào de hěn lìhài.

독해 (2문제)

3 다음 문장을 가장 알맞게 해석한 것을 고르세요.

> 我头疼、咳嗽，还有点儿发烧。

① 나는 머리가 아프고 기침이 나요. 게다가 열이 조금 나요.

② 나는 머리가 아프고 콧물이 나요. 게다가 열이 조금 나요.

③ 나는 기침이 나고 콧물이 나요. 게다가 열이 조금 나요.

④ 나는 기침이 나고 복통이 있어요. 게다가 기침이 조금 나요.

4 괄호 안의 단어가 들어갈 알맞은 위치를 고르세요.

> A 你 B 哪儿 C 舒服 D ? (不)
>
> 당신은 어디가 아프세요?

① A   ② B   ③ C   ④ D

쓰기 (1문제)

5 단어를 바르게 배열하여 우리말에 맞는 문장을 만든 후, 큰 소리로 읽어 보세요.

당신은 어디가 아프세요?

哪儿 / 舒服 / 不 / 你

_____?

나는 머리가 아프고 기침이 나요. 게다가 열이 조금 나요.

头疼 / 我 / 咳嗽 / 发烧 / 有点儿 / 还

_____。

이런, 당신은 열이 심해요.

哎呀 / 烧得 / 你 / 厉害 / 很

_____。

주사를 좀 맞고, 약을 먹으면 곧 좋아질 거예요.

会 / 吃 / 好 / 点儿 / 就 / 的 / 药 / 打几针

_____。

1 녹음을 듣고 알맞은 뜻을 고르세요.

① 청하다

② 이것

③ 주문하다

④ 요리

2 녹음을 듣고 가장 알맞은 문장을 고르세요.

> 欢迎光临。어서오세요.

① Huànyíng guànglín.

② Huànyíng guānglín.

③ Huānyǐng guānglín.

④ Huānyíng guānglín.

독해 (2문제)

3 다음 문장을 가장 알맞게 해석한 것을 고르세요.

> 我要宫保鸡丁和鱼香肉丝。

① 나는 꽁바오 지딩하고 밥을 주문할게요.

② 나는 꽁바오 지딩을 주문할게요.

③ 나는 꽁바오 지딩하고 위시앙 로우쓰를 주문할게요.

④ 나는 위시앙 로우쓰를 주문할게요.

4 괄호 안의 단어가 들어갈 알맞은 위치를 고르세요.

> 这是 A 您 B 点 C 的 D 。(菜)
>
> 여기 당신이 주문한 요리예요.

① A   ② B   ③ C   ④ D

5 단어를 바르게 배열하여 우리말에 맞는 문장을 만든 후, 큰 소리로 읽어 보세요.

어서오세요. 당신은 무엇을 주문하시겠어요?

菜 / 点 / 什么 / 欢迎光临 / 您

_____?

나는 꽁바오 지딩하고 위시앙 로우쓰를 주문할게요.

要 / 宫保鸡丁 / 我 / 和 / 鱼香肉丝

_____。

여기 당신이 주문한 요리예요. 천천히 드세요.

您 / 请慢用 / 这 / 菜 / 点 / 的 / 是

_____。

이곳의 요리는 정말 맛있네요.

这儿 / 菜 / 好吃 / 的 / 真

_____。

🎧 W_ **18**_01 / 02

1 녹음을 듣고 알맞은 뜻을 고르세요.

① 얼마

② 바꾸다

③ 인민폐

④ 달러

2 녹음을 듣고 가장 알맞은 문장을 고르세요.

> 您要换多少? 당신은 얼마나 바꾸실 건가요?

① Nǐn yāo huàn duōshao?

② Nǐn yào huàn duōshǎo?

③ Nín yào huàn duōshǎo?

④ Nín yào huàn duōshao?

3 다음 문장을 가장 알맞게 해석한 것을 고르세요.

> 这是您换的两千四百块钱。

① 이것은 당신이 환전하신 2,400위안입니다.

② 이것은 당신이 환전하신 2,300위안입니다.

③ 이것은 당신이 환전하신 2,200위안입니다.

④ 이것은 당신이 환전하신 2,100위안입니다.

4 괄호 안의 단어가 들어갈 알맞은 위치를 고르세요.

> A 我 B 想 C 钱 D 。(换)
>
> 나는 환전을 하려고 해요.

① A   ② B   ③ C   ④ D

쓰기 (1문제)

5 단어를 바르게 배열하여 우리말에 맞는 문장을 만든 후, 큰 소리로 읽어 보세요.

나는 환전을 하려고 해요.

换 / 我 / 想 / 钱

_____。

당신은 얼마나 바꾸실 건가요?

换 / 多少 / 要 / 您

_____?

나는 300달러를 인민폐로 바꾸고 싶어요.

我 / 人民币 / 换成 / 把 / 三百 / 想 / 美元

_____。

이것은 당신이 환전하신 2,400위안입니다.

换 / 是 / 两千四百 / 这 / 您 / 的 / 块钱

_____。

연습 문제
정답

CHAPTER 01 워크북 20p

듣기

1 ①

2 ③

독해

3 ④

4 ②

쓰기

5 你好

你好吗

我很好，你呢

我也很好，谢谢

CHAPTER 02 워크북 22p

듣기

1 ④

2 ②

독해

3 ①

4 ②

쓰기

5 你是哪国人

我是韩国人。你呢

我是中国人。认识你很高兴

认识你我也很高兴

CHAPTER 03 워크북 24p

듣기

1 ③

2 ①

독해

3 ④

4 ③

쓰기

5 请问，你叫什么名字

我叫李韩松

你今年多大

我今年二十八岁

CHAPTER 04 워크북 26p

듣기

1 ②

2 ④

독해

3 ④

4 ④

쓰기

5 你的生日是几月几号

我的生日是八月二十七号

你属什么

我属龙

듣기

1 ④

2 ④

독해

3 ④

4 ②

쓰기

5 你家有几口人

四口人

都有什么人

爸爸、妈妈、一个弟弟和我

듣기

1 ③

2 ④

독해

3 ②

4 ④

쓰기

5 现在几点

现在一点十分

啊，今天星期几

今天星期四

듣기

1 ②

2 ①

독해

3 ①

4 ②

쓰기

5 你住在哪儿

我住在北京

你爸爸做什么工作

他是公司职员

듣기

1 ①

2 ③

독해

3 ①

4 ①

쓰기

5 你在干什么呢

我在收拾行李呢

为什么？你去旅游吗

是的。周末我去上海

CHAPTER 09 워크북 36p

듣기
1 ④
2 ①

독해
3 ④
4 ②

쓰기
5 您要买什么
  苹果多少钱一斤
  三块五一斤
  好，我要一斤

CHAPTER 10 워크북 38p

듣기
1 ④
2 ②

독해
3 ④
4 ①

쓰기
5 这件衣服多少钱
  七百五十块钱
  太贵了。你能不能便宜一点儿
  不行，已经打七折了

CHAPTER 11 워크북 40p

듣기
1 ①
2 ①

독해
3 ③
4 ①

쓰기
5 今天天气怎么样
  啊，外面快要下雨了
  是吗？我没带雨伞
  别着急。我借给你吧

CHAPTER 12 워크북 42p

듣기
1 ④
2 ③

독해
3 ③
4 ②

쓰기
5 请问，去天安门怎么走
  你得坐公共汽车去
  车站在哪儿
  往前走，到十字路口就到了

워크북 44p

듣기

1 ③
2 ①

독해

3 ④
4 ①

쓰기

5 喂？王先生在吗
　他现在不在
　请告诉我，他的手机号码
　请稍等。他的手机号码是138…

워크북 46p

듣기

1 ②
2 ③

독해

3 ③
4 ②

쓰기

5 你去过长城吗
　当然。我去过三次
　长城的风景怎么样
　真不错。又宏伟又壮观

워크북 48p

듣기

1 ④
2 ②

독해

3 ①
4 ②

쓰기

5 你喜欢什么运动
　我喜欢踢足球
　那我们一起踢足球吧
　好，我们一起去运动场踢足球吧

워크북 50p

듣기

1 ①
2 ②

독해

3 ①
4 ③

쓰기

5 你哪儿不舒服
　我头疼，咳嗽。还有点儿发烧
　哎呀，你烧得很厉害
　打几针，吃点儿药就会好的

CHAPTER 17 워크북 52p

듣기
1 ④
2 ④

독해
3 ③
4 ④

쓰기
5 欢迎光临。您点什么菜
　我要宫保鸡丁和鱼香肉丝
　这是您点的菜，请慢用
　这儿的菜，真好吃

CHAPTER 18 워크북 54p

듣기
1 ③
2 ④

독해
3 ①
4 ③

쓰기
5 我想换钱
　您要换多少
　我想把三百美元换成人民币
　这是您换的两千四百块钱